Luisa Herford

Evas Essstörung:
Die Kraft zur Heilung ist in dir!

Evas Essstörung:
Die Kraft zur Heilung ist in dir!

Luisa Herford

Impressum

Bibliografische Information der Deutschen Nationalbibliothek: Die
Deutsche Nationalbibliothek verzeichnet diese Publikation in der
Deutschen Nationalbibliografie; detaillierte bibliografische Daten
sind im Internet über http://dnb.dnb.de abrufbar.

Die automatisierte Analyse des Werkes, um daraus Informationen
insbesondere über Muster, Trends und Korrelationen gemäß §44b
UrhG („Text und Data Mining") zu gewinnen, ist untersagt.

Verlag: BoD · Books on Demand GmbH, Überseering 33, 22297
Hamburg, bod@bod.de

Druck:
Libri Plureos GmbH, Friedensallee 273, 22763 Hamburg
ISBN: 978-3-8192-6458-0

INHALTSVERZEICHNIS

VORWORT

Dieses Buch ist von Eva *für dich*.

Für alle, die gerade kämpfen.
Für alle, die sich verloren fühlen.
Für alle, die denken, sie wären *nicht* genug.

Eva kennt diesen Schmerz. Sie hat ihn selbst erlebt.
Die Bulimie hat ihr einen Teil ihres Lebens geraubt –
und gleichzeitig war die Essstörung ein *Weckruf* für
Eva. Denn die Krankheit hat sie auf eine tiefere Reise
geschickt. *Eine Reise zu sich selbst.*

Eva ist eine junge Frau aus Heidelberg. Nach dem
Abitur begann sie ein Lehramtsstudium – doch ihre
größte Prüfung lag nicht im Hörsaal, sondern tief in
ihrem *Inneren*. Bereits mit 14 Jahren rutschte sie in
die Bulimie ab. Jahrelang kämpfte sie im Verborgen-
en gegen die Krankheit, mit all dem Schmerz, der
Scham und dem Gefühl, *nicht* genug zu sein.

Bis eines Tages *ein Wendepunkt* kam.

Irgendwann hat sie verstanden:
Es ging nie wirklich ums Essen.
Es ging darum, wer sie glaubte zu sein.

Für sie war Heilung kein äußerer Zustand, sondern eine *innere* Reise. Eine Reise *zu sich selbst.* Schritt für Schritt legte sie alte Überzeugungen, Rollenbilder und Schutzmechanismen ab – wie Schichten einer Zwiebel. Und schließlich stieß sie zu ihrem inneren Kern vor: zu dem Teil in ihr, der unversehrt, wahrhaftig und ganz ist.

„Heilung beginnt in dir" – das ist Evas Botschaft. Und sie meint damit nicht nur sich selbst. Sie spricht allen aus der Seele, die sich nach Befreiung sehnen. Die sich verloren fühlen und gleichzeitig spüren, dass tief in ihnen noch etwas lebt, das echt ist. Stark. Und heil.

Eva hat mir ihre Geschichte anvertraut – und ich darf sie nun in diesem Buch mit euch teilen. Ihre Erzählungen wurden mit wertvollen Tipps und Denkanstößen ergänzt, die Mut machen und zum Innehalten einladen.

Möge ihre Reise auch in dir etwas bewegen.

VOM SCHATTEN INS LICHT

Eva war schon immer eine ruhige, nachdenkliche junge Frau, die in ihrer eigenen Welt lebte. Doch tief in ihrem Inneren wusste sie, dass etwas nicht stimmte. Sie fühlte sich *nie* genug. Egal, was sie tat, sie hatte das ständige Gefühl, dass sie immer noch nicht den Erwartungen entsprach. „Nur wenn ich dünn bin, bin ich genug", dachte sie immer wieder. „Nur dann werde ich geliebt, nur dann werde ich akzeptiert." Dieses Mantra begleitete sie durch ihr Leben und wurde zu einem festen Bestandteil ihres täglichen Denkens.

Ihre Essstörung war wie ein geheimnisvoller, dunkler Schatten, der über ihr schwebte. Sie aß, aber dann kam die Phase der Selbstbestrafung. Sie kotzte, um wieder die Kontrolle zu bekommen, um dem Gefühl der Unzulänglichkeit zu entkommen. Es war ein Kreislauf aus Zwängen, Geheimnissen und inneren Konflikten, der sie über Jahre hinweg in seinen Bann zog. Sie war gefangen in diesem Teufelskreis, und nichts schien sie davon befreien zu können.

Eines Tages jedoch, als die Dunkelheit in ihr Leben zurückkehrte und sie das Gefühl hatte, den Halt endgültig zu verlieren, entschied sie sich, etwas Neues auszuprobieren. Sie hatte von Meditationen mit *bi-*

nauraler Musik gehört, die oftmals eingesetzt werden, um das Gedankenkarussell zu beruhigen, Stress abzubauen und den Geist in einen Zustand der tiefen Ruhe zu versetzten.

Binaurale Beats entstehen, wenn zwei leicht unterschiedliche Frequenzen auf jedes Ohr getrennt abgespielt werden – das Gehirn erzeugt daraus eine dritte „virtuelle" Frequenz und passt seine Aktivität diesem Rhythmus an. Das funktioniert aber nur, wenn man Kopfhörer benutzt. So können gezielt entspannte, meditative oder konzentrierte Geisteszustände gefördert werden.

Sie beschloss, es zu versuchen. Mit einer gewissen Skepsis, aber auch einem Funken Hoffnung, setzte sie sich an einen ruhigen Ort, setzte ihre Kopfhörer auf, schloss die Augen und begann, mit ruhiger Musik zu meditieren.

Die ersten Minuten fühlte sie nur eine sanfte, aber ungewöhnliche Ruhe. Doch dann geschah etwas, das sie nie für möglich gehalten hätte. Ein helles, strahlendes Licht durchflutete ihren Geist, als ob ein Vorhang aus Dunkelheit geöffnet worden wäre. Es war ein Licht, das Liebe ausstrahlte, eine **bedingungslose Liebe**, wie sie sie noch nie zuvor empfunden hatte. Die Wärme dieses Lichts umhüllte sie vollständig, und sie fühlte sich geborgen und sicher. In diesem Moment dachte sie: „Das muss Gott oder ein Engel sein. Ich habe nie etwas so Mächtiges gespürt."

Diese Erfahrung erschütterte sie bis ins Mark. Sie konnte nicht aufhören, an dieses Licht zu denken, an die Liebe, die sie darin spürte. Sie wusste, dass sie etwas gefunden hatte, das weit über das hinausging, was sie sich jemals vorgestellt hatte. Doch gleichzeitig war sie auch neugierig. Was war dieses Licht wirklich? Was hatte sie da erlebt? Sie wollte es verstehen.

Eva begann, sich intensiv mit spirituellen Themen und Psychologie auseinanderzusetzen. Sie las Bücher, suchte nach Antworten und sprach mit Menschen, die ähnliche Erfahrungen gemacht hatten. Doch trotz ihrer Bemühungen fand sie zunächst keine endgültige Antwort darauf, was das Licht wirklich war, aber es geschah etwas viel Wichtigeres:

Sie begann, sich selbst zu finden und auch zurück zu Gott.

GESPRÄCHE MIT GOTT

In einem Dialog mit Gott teilt Eva ihr Wissen mit euch...

Eva:
Gott... bist du da?

Gott:
Ich bin immer da, mein Kind. Ich war nie weg.

Eva:
Warum fühle ich mich dann so allein? So leer... Ich kann nicht mehr. Ich hasse meinen Körper. Ich hasse mich manchmal. Ich bin einfach nicht gut genug.

Gott:
Ich weiß, dass du leidest. Ich sehe deine Tränen, auch wenn du sie versteckst. Aber du irrst dich, wenn du denkst, du seist nicht genug. Du bist mein Kind – erschaffen aus Liebe. Du bist bereits vollkommen in deinem Sein.

Eva:
Aber warum fühle ich mich so falsch? Warum habe ich das Gefühl, mich ständig kontrollieren zu müssen? Zu funktionieren, besser zu sein, dünner... perfekter?

Gott:

Weil die Welt laut ist. Sie flüstert dir Lügen zu – dass du nicht liebenswert bist, so wie du bist. Dass du dich verbiegen musst, um dazu zu gehören. Doch ich sage dir: Du musst nichts tun, um würdig zu sein. Du bist es bereits.

Eva:

Ich schäme mich. Ich verstecke so viel. Manchmal esse ich, nur um danach alles wieder loszuwerden. Es ist wie ein Teufelskreis. Ich weiß, es ist falsch, aber... es gibt mir Kontrolle. Und irgendwie auch Sicherheit.

Gott:

Ich verurteile dich nicht. Niemals. Ich sehe *nicht* deine Fehler – ich sehe dein verletztes Herz. Du suchst Sicherheit dort, wo du Liebe brauchst. Doch wahre Sicherheit entsteht nicht durch Kontrolle, sondern durch Vertrauen. In dich. In mich. In das Leben.

Eva:

Wie kann ich heilen? Ich weiß gar nicht, wo ich anfangen soll...

Gott:

Indem du wieder lernst, dich selbst zu lieben. Nicht auf einmal. Stück für Stück. Indem du dir vergibst, Geduld mit dir hast, dich sanft umarmst, wenn du fällst. Und indem du dich erinnerst: Du bist nicht dein Körper. Du bist nicht deine Gedanken. Du bist eine Seele – wunderschön, mutig und unendlich wertvoll.

Eva:
Aber was, wenn ich es nicht schaffe?

Gott:
Dann halte ich dich. Ich trage dich durch deine Dunkelheit, bis du wieder dein eigenes Licht siehst. Du musst es nicht alleine schaffen. Ich bin bei dir – in jeder Sekunde, in jedem Atemzug.

Eva flüstert:
Glaubst du wirklich, dass ich heilen kann?

Gott:
Ich weiß es. Denn du trägst das Licht in dir. Es war nie weg – nur verborgen. Aber du findest es wieder. Und wenn du fällst, bin ich da, um dich aufzufangen. Immer.

WER BIST DU WIRKLICH?

„Wer sind wir?", fragte sich Eva immer wieder. Und mit der Zeit wurde ihr klar, dass wir Menschen *mehr* sind als nur der Körper.

Eva würde es heute nach ihrer Heilung folgendermaßen beschreiben:

Du bist *nicht* das Bild,
das du im Spiegel siehst.

Du bist *nicht* deine Gedanken oder das,
was du tust, um dich in der Welt zu definieren.

Du bist *mehr* als die Zahl auf der Waage,
mehr als die Formen und Maße,
die du im Spiegel betrachtest.

Du bist *nicht* dein Körper.

Dein Körper ist eher wie ein Fahrzeug, das dich durch das Leben trägt. Ja, er ist wichtig, aber er ist nicht das, was du wirklich bist. So wie ein Auto dich von einem Ort zum anderen bringt, führt dich dein Körper durch die Erfahrungen des Lebens. Doch der wahre Fahrer dieses Körpers ist dein wahres Selbst, deine unsterbliche Seele. ***Das bist du!!!***

Es kann leicht passieren, dass du dich in deinem Körper verlierst. Inmitten von Essstörungen, Selbstkritik und dem Drang, deinem Körper zu gefallen, vergisst du manchmal, wer du wirklich bist. Aber tief in deinem Inneren, unter all den Ängsten und Zweifel, leuchtet *ein Licht*. Dieses Licht ist die Essenz deines Seins, ***dein wahres Selbst***. Manche nennen es auch den *Funken Gottes*. Es ist dein wahres „Ich". Es kennt auch keine Ängste, keine Begrenzungen und keine Selbstverurteilung. Es ist reines Sein, unendliche Liebe und unendliches Bewusstsein.

Doch oft wird dieses Licht überdeckt – von negativen Gedanken, von gesellschaftlichen Erwartungen und Glaubenssätzen. Aber du kannst dieses Licht wiederentdecken. Es ist immer da, immer gegenwärtig, und du kannst es schrittweise ans Licht bringen. Du musst nur anfangen dich mit dir und deinem Inneren zu beschäftigen. Das ist der Schlüssel zum Erfolg.

Die Essstörung, die dich quält, ist eine falsche Vorstellung, eine Verzerrung. Sie entsteht aus einem inneren Konflikt, aus dem Glauben, dass du deinen Körper „perfekt" machen musst, um liebenswert zu sein. Aber das ist eine Illusion. Deine wahre Schönheit liegt nicht in deinem Körper, sondern in deinem inneren Wesen. Du bist genug, so wie du bist.

Der Weg zur Heilung beginnt in dem Moment, in dem du beginnst, ***dein wahres Selbst zu erkennen***. Du bist nicht dein Körper, du bist das Bewusstsein, das ihn führt. Du bist das Licht, das niemals erlischt. Und je mehr du dich an dieses Licht erinnerst, desto mehr wirst du zu dem, was du immer schon warst – unendlich, geliebt und vollkommen.

WARUM IST DAS LEBEN SO HART?

Nachdem Eva in einer Meditation ein helles Licht gesehen hatte, fühlte sie sich Gott sehr nahe. Doch trotz
dieser Erfahrung fragte sie sich, warum ihr das Leben
weiterhin so schwer vorkam:

Eva:
Hey… Gott?
Bist du da?

Gott:
Ich bin immer da.

Eva:
Okay… dann sag mir bitte was.
Warum das alles?
Warum Dunkelheit?
Warum diese Leere in mir?

Gott:
Weil manchmal erst das Dunkle sichtbar machen
kann, wie hell du wirklich bist.

Eva:
Aber ich fühl mich nicht hell. Ich fühl mich kaputt.
Ehrlich – ist das eine Strafe? Hab ich irgendwas
falsch gemacht?

Gott:

Nein. Du bist nicht kaputt.

Und es ist keine Strafe.

Du bist auf dem Weg,

dich *selbst* zu finden.

Und manchmal… tut das weh.

Eva:

Aber warum? Wenn ich doch Liebe bin – wie du
sagst – warum fühlt sich dann alles so kalt an?

Gott:

Weil du vergessen hast, wer du bist.

Weil die Welt dich manchmal glauben lässt,

du wärst nicht genug. Aber das stimmt nicht.

Du bist Liebe. Du warst es schon immer.

Eva flüstert:

Ich sehe das nur nicht.

Ich fühl's nicht.

Gott:

Und trotzdem ist es da.

So wie die Sonne hinter den Wolken.

Auch wenn du sie nicht siehst – sie scheint trotzdem.

Du musst die dunklen Wolken nur zur Seite schieben,

dann scheint auch wieder die Sonne.

Eva:

Wie geht das?

Gott:
Werde dir deiner *inneren Programme* bewusst.
Welche falschen Glaubenssätze halten dich in deiner
Essstörungen gefangen? Lerne dich besser kennen!

„Hm...", brummt *Eva,* verabschiedet sich und
schließt die Augen. Aber irgendwas in ihr fühlt sich
anders an. Wärmer. Wie ein Licht, ganz klein. Sie hat
neue Hoffnung geschöpft! Ja, sie wird sich mit ihrer
Innenwelt beschäftigen. Plötzlich glaubt sie wieder
an sich! Ich kann es schaffen!

DAS INNERE PROGRAMM VERSTEHEN

Eva hatte sich in ihrer Reise zur Heilung immer wieder gefragt, warum sie so sehr in alte Muster und Verhaltensweisen zurückfiel. Warum das Leben oft wie ein ständiger Kampf gegen sich selbst wirkte, obwohl sie wusste, dass in ihr ein Licht war, das sie führen konnte. Es war, als ob etwas in ihr ständig dagegen ankämpfte, das sie wirklich heilte. Die Antwort darauf fand sie, als sie sich näher mit dem Konzept der *inneren Programme* auseinandersetzte.

Was sind innere Programme?

Innere Programme sind *tief verankerte Glaubenssätze und Überzeugungen*, die im Unterbewusstsein gespeichert sind. Diese Programme entstehen oft in der *Kindheit* und werden durch *Erlebnisse, gesellschaftliche Einflüsse* und *familiäre Strukturen* geformt. Sie beeinflussen unser Verhalten, unsere Wahrnehmung und unsere Entscheidungen, oft ohne dass wir es merken. Diese Programme sind wie unsichtbare Leitlinien, die uns in bestimmte Richtungen lenken – meistens auf eine Art und Weise, die uns nicht immer dient.

*

Der Mensch ist durchschaubar:

Der Mensch ist ein komplexes Wesen, doch hinter all den scheinbar chaotischen oder widersprüchlichen Handlungen, Gedanken und Gefühlen stecken oft grundlegende Bedürfnisse und Ängste. Der Drang nach Anerkennung, das Streben nach Sicherheit und Liebe sowie die Angst vor Verlust und Kontrollverlust sind universelle menschliche Erfahrungen, die viele von uns unbewusst beeinflussen. Wenn wir uns dieser Muster bewusst werden, können wir beginnen, das Verhalten – sowohl unser eigenes als auch das der anderen – in einem neuen Licht zu sehen. Es hilft uns, die wahren Motivationen hinter einem bestimmten Verhalten zu erkennen, was uns in die Lage versetzt, mit mehr Mitgefühl und weniger Urteil zu reagieren.

Mangelbewusstsein – Der Hunger nach mehr:

Das Mangelbewusstsein ist eine der tiefsten und zugleich am häufigsten übersehenen Triebkräfte des menschlichen Lebens. Es beschreibt das innere Gefühl, dass etwas fehlt – sei es Liebe, Sicherheit, Reichtum, Anerkennung oder innerer Frieden. Dieses Gefühl entsteht nicht selten früh im Leben und begleitet viele Menschen unbemerkt durch ihren Alltag. Menschen erleben diesen Mangel auf unterschiedliche Weise: Einige streben nach materiellem Besitz, andere nach beruflichem Erfolg, nach Aufmerksamkeit oder nach Perfektion. Immer jedoch liegt die Hoffnung zugrunde, dass das Erreichen eines äußeren Ziels die innere Leere füllen könne. Doch das Mangelbewusstsein ist ein trickreicher Begleiter – es verlagert seine Gestalt, sobald man glaubt, es überwunden zu haben. Kaum ist ein Ziel erreicht, taucht das nächste Bedürfnis auf, und der Kreislauf beginnt von vorn.

Viele glauben, ihr Selbstwert sei an äußere Bestätigung geknüpft: an Applaus, an Statussymbole, an die Anerkennung für Leistungen oder Eigenschaften. Doch dieser Glaube ist trügerisch. Denn solange der Mensch seine Würde im Außen sucht, bleibt er innerlich abhängig und verletzlich. Der ständige Versuch, das innere Defizit durch äußere Erfolge zu kompensieren, führt letztlich zu einem Zustand chronischer Unzufriedenheit.

Selbst wenn ein Mensch scheinbar alles erreicht hat, was er sich vorgenommen hat, bleibt oft ein nagendes Gefühl der Unvollständigkeit. Diese innere Leere ist das Echo des Mangels – ein Echo, das durch äußere Erfüllung allein nicht verstummen kann. Das Mangelbewusstsein verhindert, dass der Mensch wirklich im gegenwärtigen Moment ankommt. Stattdessen lebt er in einer dauerhaften Erwartungshaltung, immer ausgerichtet auf ein zukünftiges Ziel, das vermeintlich das ersehnte Gefühl von Ganzheit bringen soll.

Wahre Erfüllung beginnt erst dort, wo das Mangelbewusstsein erkannt, hinterfragt und transformiert wird

– durch Achtsamkeit, Selbstannahme und die Rückkehr zur inneren Fülle, die unabhängig von äußeren Umständen existiert.

Macht und Kontrolle:

Der Drang nach Macht ist eine der tiefsten und universellsten Motivationen im menschlichen Verhalten. Dieser Drang kann sich auf verschiedene Weise manifestieren: in Karriereambitionen, im Streben nach sozialer Anerkennung oder auch in der Kontrolle über andere Menschen. Das Streben nach Macht ist in der Regel ein Versuch, sich von der Angst und der Unsicherheit des Lebens zu befreien. Indem Menschen Macht oder Kontrolle über ihre Umwelt oder andere ausüben, versuchen sie, ihre eigene Sicherheit und Identität zu wahren.

Macht kann sowohl in physischer als auch in psychischer Form auftreten. Auf der physischen Ebene zeigt sich Macht oft als wirtschaftliche Kontrolle, politische Macht oder militärische Stärke. Auf der psychischen Ebene kann Macht in emotionaler Manipulation, charismatischem Einfluss oder sozialer Überlegenheit bestehen. Der Drang nach Macht wird häufig durch das Ego gespeist, das ständig nach Bestätigung sucht und sich über andere stellen will, um sich als überlegen zu fühlen. Doch auch die Suche nach Macht führt letztlich zu Unzufriedenheit und Leere, weil sie nicht auf innerem Frieden basiert. Ein solcher Mensch lebt ständig in einem Zustand der Unsicherheit und des Verlusts, weil er nie genug Macht oder Kontrolle erlangen kann, um sich dauerhaft sicher zu fühlen. Macht ist oft eine Flucht vor dem Selbst, da der Mensch versucht, durch äußere Kontrolle das zu ersetzen, was er innerlich nicht in sich findet: Selbstliebe und Selbstsicherheit.

Ruhm – Der Wunsch nach Anerkennung:

Ruhm ist der Drang, von anderen gesehen, bewundert und anerkannt zu werden. Es ist der Versuch, die eigene Existenz und Bedeutung durch das Urteil und die Zuwendung anderer zu bestätigen. Ruhm wird oft als Erfüllung des Egos betrachtet, als eine Art öffentlicher Bestätigung der eigenen Fähigkeiten und Talente. Doch auch Ruhm kann zu einer leeren Jagd werden, bei der der Mensch niemals die wahre Bestätigung findet, die er sucht.

Achtung! Egofalle:

Die Egofalle ist eine Falle, in die wir geraten, wenn wir unseren Selbstwert und unsere Identität zu stark mit äußerem Erfolg und dem, was wir tun, verbinden. Wir glauben, dass wir nur dann wertvoll oder „gut genug" sind, wenn wir bestimmte Dinge erreicht haben oder eine bestimmte Rolle spielen.

Egofalle – Schönheit:

Schönheit wird oft als der Inbegriff von Ästhetik, Zuneigung und Selbstwert angesehen. In einer Gesellschaft, die äußere Erscheinung und jugendliche

Schönheit glorifiziert, kann die Fixierung auf das eigene Aussehen zu einem potenziell toxischen Drang nach Bestätigung und Vervollkommnung führen. Die Vorstellung, dass wahre Schönheit nur von außen zu kommen scheint, ist ein weiteres Produkt des Ego-Mindsets, das immer an oberflächliche Werte gebunden ist.

Wenn jemand seinen Wert ausschließlich oder primär auf der Schönheit seines Körpers basiert, identifiziert sich diese Person stark mit einer äußeren, vergänglichen Erscheinung. Das kann zu psychischen und emotionalen Problemen führen, weil die äußere Erscheinung ständigen Veränderungen unterworfen ist, die außerhalb unserer Kontrolle liegen. Besonders in jungen Jahren kann das Selbstwertgefühl sehr stark mit dem Aussehen verknüpft sein. Jemand könnte sagen: „Ich bin schön, also bin ich wertvoll." Dieser Gedanke führt dazu, dass die Person glaubt, ihr Wert hinge vom Aussehen ab.

Die heutigen Medien und sozialen Netzwerke verstärken oft das Bild, dass Schönheit – in Form von jugendlichem Aussehen, schlanker Körper oder makelloser Haut – das wichtigste Kriterium für den Wert eines Menschen ist. Die ständige Präsenz von „perfekten" Bildern in sozialen Medien kann zu einem Gefühl des Mangels führen.

Die wahre Herausforderung der Egofalle:

Die wahre Herausforderung besteht darin, diese Ego-falle zu erkennen und zu verstehen, dass unser Wert nicht von der Bestätigung anderer abhängt. Es geht darum, zu akzeptieren, dass wir genug sind, so wie wir sind, mit all unseren Fehlern und Unvollkommenheiten. Der Weg aus dieser Falle erfordert einen inneren Wandel, bei dem wir lernen, uns selbst zu schätzen und zu lieben – unabhängig von äußeren Leistungen oder Meinungen. Der Mensch, der sich von diesen äußeren Verlockungen löst und sein wahres Selbst erkennt, findet den inneren Frieden und die Freiheit, die er in der äußeren Welt niemals finden konnte.

DIALOG MIT GOTT: DAS WAHRE SELBST

Eva:
Gott…
Was ist eigentlich *mein wahres Selbst*?
Ich habe viel darüber gelesen,
aber ich verstehe es noch nicht ganz.

Gott sanft:
Dein wahres Selbst, mein Kind,
ist das, was übrig bleibt,
wenn du aufhörst,
jemand sein zu wollen.

Es ist *nicht* das, was du tust.
Nicht, was du besitzt.
Nicht, wie du aussiehst.

Es ist das, was *bleibt,*
wenn *alle* Masken fallen.
Es ist deine *wahre* Existenz.
Es ist das Licht in dir!
Der göttliche Funke!

Eva:
Und wo finde ich es?
Ich suche schon so lange…

Gott:

Du findest es *nicht* im Außen.
Nicht durch Erfolg.
Nicht in der Anerkennung.
Nicht im Vergleich.
Du findest es in der *Stille.*
Im *Loslassen.*
Im einfachen *Dasein.*
Du findest es,
wenn du deinem Herzen zuhörst,
statt der Welt.

Eva:

Aber was, wenn ich es nicht erkenne?
Was, wenn ich es verloren habe?

Gott:

Du kannst dein wahres Selbst nicht verlieren –
denn *du* bist es. Du kannst dich nur zeitweise davon
abtrennen. Durch Angst. Durch Anpassung. Durch
Zweifel.

Aber es wartet auf dich.
Immer. Wie ein Licht hinter einem Schleier.

Eva:

Wie nehme ich diesen Schleier weg?

Gott:

Indem du ehrlich bist.
Indem du still wirst.

Indem du aufhörst, dich zu verurteilen.
Und beginnst, dich zu erinnern:
Du bist Liebe.
Du bist Bewusstsein.
Du bist *mehr* als dieser Körper,
mehr als deine Geschichte,
mehr als dein Schmerz.

Eva:
Und wenn ich Angst habe,
mich selbst wirklich zu sehen?

Gott:
<u>Dann erinnere dich:</u>
Ich sehe dich – ganz.
Und ich liebe alles, was du bist.

Dein wahres Selbst ist wie *ein Zuhause*,
in das du jederzeit zurückkehren kannst.
Du musst nur den Mut haben,
still zu werden und die Tür zu öffnen.

Eva flüsternd:
Also… es war nie weg?

Gott lächelnd:
Nie.
Es war immer da.
Hinter deinen Gedanken.
Hinter deinen Erwartungen.
Hinter all dem Lärm der Welt.

Du bist hier, um dich zu erinnern.

Erst viel später begreift Eva, dass sie ihr wahres Selbst längst kennengelernt hatte – in jenem stillen Moment der Meditation, als das Licht vor ihr erschien.

DIE MACHT DER GEFÜHLE

Eva stand vor dem Spiegel. Ihre Hände zitterten, als sie sich das Haar zurückstrich. Sie hatte wenig geschlafen und die Gedanken drehten sich ständig im Kreis. Der Druck in ihrem Inneren war unerträglich geworden, eine Last, die sie zu erdrücken drohte. *Sie hatte einen Rückfall erlitten!*

„Warum ist das passiert? Warum fühle ich mich bloß so leer?" flüsterte sie sich selbst zu. Die Fragen, die immer wieder in ihrem Kopf auftauchten, hatten keine Antwort. Sie spürte einen tiefen Schmerz, aber sie wusste nicht, wie sie damit umgehen sollte. Es war nicht nur der Schmerz des Körpers, den sie verspürte – es war der Schmerz ihrer Seele.

Es war dieser *innere Kampf*, der sie immer wieder in die Falle der Bulimie trieb. Sie hatte in letzter Zeit wirklich viel über sich gelernt und auch eine Verbindung zu Gott aufgebaut, aber der Drang, den *Druck* abzubauen, den Schmerz zu betäuben, war noch zu stark. Sie konnte es *noch nicht* kontrollieren. Es gab wohl noch etwas anderes, dass sie begreifen musste – das war ihr klar. Aber was???

Wenn sie aß, fühlte es sich an, als würde sie das Loch in ihrem Inneren füllen. Doch kaum war die Mahlzeit vorbei, überkam sie ein Gefühl der Leere, das alles wieder zerstörte.

Der Drang, sich zu erbrechen, war in diesem Moment wie eine *Erlösung*. Es war, als würde der Druck, der sich in ihrem Körper aufgebaut hatte, durch diese Handlung entweichen. Doch in Wahrheit hinterließ es nur mehr Druck, mehr Leere, mehr Scham. Sie konnte nie genug davon bekommen. Der Teufelskreis drehte sich weiter.

Eva schmiss sich aufs Bett und begann zu heulen. Ihre Tränen tropften auf ihr Kissen. „Ich kann nicht mehr", flüsterte sie, die Worte waren kaum hörbar. „Ich bin zu schwach." Die innere Leere schien heute so groß, dass sie sie nicht fassen konnte. Sie fühlte sich gefangen in einem Gefängnis, das sie selbst erschaffen hatte. Der Kampf gegen ihren eigenen Körper, gegen ihre Gefühle, war zu viel geworden.

„Warum immer dieser Druck? Warum immer dieser Kampf?", fragte sie, während sie in die Stille des Raumes starrte. Und plötzlich, wie ein Hauch der Erleuchtung, fühlte sie etwas anderes – eine leise Stimme in ihrem Inneren.

„Du musst dich nicht weiter quälen, Eva", flüsterte sie, als hätte sie sich selbst zum ersten Mal wirklich gehört. Es war eine sanfte Stimme, aber sie fühlte sich gleichzeitig kraftvoll an.

„Aber wie kann ich aufhören?", fragte Eva verzweifelt, ihre Tränen liefen weiter. „Wie soll ich aufhören, wenn dieser Druck mich erdrückt?"

„Du bist nicht der Druck, den du fühlst", antwortete die Stimme, die jetzt klarer wurde. „Du bist derjenige, der ihm die Macht gibt. *Deine Ängste, deine Unsicherheiten – das sind die wahren Dämonen, die dich quälen.* Sie sind nicht real, sie sind deine Gedanken. Und du hast die Kraft, sie zu befreien. Du musst deine Gefühle zu lassen."

Eva runzelte die Stirn. *Gefühle zulassen?* Aber ich heule doch gerade. Ich lasse meine Gefühle zu oder etwa nicht?

Eva griff nach ihrem Tablet, dass auf dem Nachtischchen neben ihr lag und gab bei Google „Was sind unterdrückte Gefühle ein".

Sie las:
Wer weint, drückt oft Gefühle aus. Aber es kann trotzdem sein, dass darunter noch *andere, tiefere Gefühle* unterdrückt bleiben. *Unterdrückte Gefühle* sind Emotionen, die zwar da sind, aber nicht bewusst zugelassen, ausgedrückt oder verarbeitet werden. Sie werden verdrängt – oft aus Angst, Scham, Hilflosigkeit oder weil man es „gelernt" hat, stark zu sein.

Beispiele:
- Wut, die *nie* rausgelassen wurde.

- Traurigkeit, die *hinter einem Lächeln* versteckt ist.

- Angst, die in *Kontrolle* umgewandelt wird.

- Scham, die sich in *Selbstkritik* zeigt.

Und wie hängt das mit Essstörungen zusammen?,
tippte sie in die Suchzeile bei Google ein.

- Essstörungen können ein unbewusster Versuch sein, mit solchen Gefühlen umzugehen – sie zu regulieren, zu betäuben oder zu kontrollieren.

- Hungern kann ein Gefühl von Kontrolle geben, wenn innerlich Chaos herrscht.

- Essanfälle können Trost, Ablenkung oder kurzfristige Betäubung sein.

- Erbrechen oder exzessives Sporttreiben können Ausdruck von Scham, Selbsthass oder dem Wunsch nach "Reinigung" sein.

- Das Essen wird zum Sprachrohr der Gefühle, wenn der direkte Ausdruck (z. B. Wut, Trauer, Angst) nicht möglich scheint.

Eva schloss die Augen und atmete tief ein. Sie hatte die Kontrolle verloren, weil sie sich selbst nicht erlaubt hatte, ihre Emotionen zu fühlen. Der Druck war nicht nur das Essen, nicht nur das Erbrechen. Der Druck war das, was sie nicht zugelassen hatte, was sie weggeschoben hatte – ihre tiefsten Ängste und Schmerzen.

„Du musst die Emotionen spüren, *nicht* unterdrücken", sagte ihre innere Stimme. „Es gibt keine falschen Gefühle, es gibt nur Gefühle, die du in dir trägst und *nie* befreist. Aber wenn du dich ihnen stellst, wirst du dich von ihnen befreien. Der Druck wird verschwinden, wenn du aufhörst, ihn zu verdrängen."

In diesem Moment wusste Eva, dass sie etwas ändern musste. Es war kein einfacher Weg, und sie wusste, dass sie nicht sofort alle Antworten hatte. Aber sie begann zu begreifen, dass der wahre Druck nicht im Essen oder Erbrechen lag. Der wahre Druck war die ständige Angst und die Ablehnung ihrer eigenen Gefühle. Der wahre Dämon war nicht der, den sie im Spiegel sah – der wahre Dämon war der, den sie in ihrem Inneren bekämpfte.

„Ich kann nicht mehr vor meinen Gefühlen weglaufen", flüsterte sie sich selbst zu, während sie sich langsam aufrappelte. „Ich muss sie fühlen. Ich muss lernen, *mich selbst zu akzeptieren*, mit all meinem Schmerz und all meinen Unsicherheiten."

Eva wusste, dass der Weg schwierig sein würde. Es gab keine schnelle Lösung, keine sofortige Heilung. Aber in diesem Moment verspürte sie, dass sie die Macht hatte, sich zu verändern. Sie hatte die Macht, ihre Dämonen zu konfrontieren und die Last des Drucks langsam abzulegen.

*

Emotionen sind wie Wellen, die uns durchfluten und oft wie unkontrollierbare Kräfte wirken. Sie können uns überwältigen und uns das Gefühl geben, von ihnen beherrscht zu werden. Doch in Wahrheit sind Emotionen keine Feinde, die wir bekämpfen müssen, sondern Signale, die uns auf tiefere Bedürfnisse und Wahrheiten in uns hinweisen.

Für Eva war das Essen *ein Ventil*, durch das sie ihre Gefühle entlud. Die Wut, die Traurigkeit, die Angst – all diese intensiven Emotionen, die sie nicht ausspre-chen konnte, fanden ihren Weg durch das, was sie aß oder sich wieder abverlangte. Doch hinter jeder Mahlzeit, hinter jedem Moment des Verdrängens, steckte eine tiefere Frage: „Warum fühle ich mich so?"

Das Zulassen und Anerkennen dieser Emotionen war der erste Schritt in ihre Heilung. Sie begann zu be-greifen, dass ihre Gefühle nicht bedrohlich sind. Statt gegen sie anzukämpfen, konnte sie lernen, mit ihnen zu atmen, ihnen Raum zu geben und sie zu verstehen.

Emotionen sind nicht nur durch den Körper erlebbar
– sie sind Botschaften, die unser Inneres in einer
Sprache spricht, die oft schwer zu verstehen ist. Aber
je mehr Eva sich erlaubte, diese Gefühle zu fühlen,
desto mehr fand sie heraus, was ihr wirklich fehlte:
Liebe, Akzeptanz, die Möglichkeit, sich selbst zu sehen und anzunehmen.

Der Weg ist nicht einfach, doch er beginnt mit dem
ersten Schritt: Fühle, was du fühlst, und erlaube dir,
diese Emotionen *ohne Urteil* zu erleben. Nur so kann
sich der Druck lösen, der dich bisher dazu brachte,
dich selbst und deine Gefühle zu unterdrücken. Heilung kommt nicht von außen, sondern von innen –
von der Bereitschaft, dich selbst zu verstehen und zu
lieben, egal, welche Emotionen dich begleiten.

WENN ALLE GLEICH AUSSEHEN
WÜRDEN...

Angenommen alle Menschen würden gleich aussehen...
würde ich mich dann immer noch so sehr mit meinem
Körper beschäftigen? Würde ich mich immer noch
vergleichen? Messen? Bewerten? Würde ich dann
überhaupt noch hungern? Zählen, kontrollieren, verstecken?, fragte sich Eva, als sie auf der Heimfahrt
von der Uni im Bus saß. Der Regen prasselte gegen
die Fenster und der graue Himmel spiegelte sich in
den Tropfen. Sie starrte aus dem Fenster, beobach-
tete, wie der Regen die Straßen glänzen ließ, und ihre
Gedanken begannen zu wandern.

Würde ich endlich loslassen – und mein Leben wieder mit Freude füllen, nicht mit Verzicht?

Denn wenn es nicht ums Aussehen ginge –
worauf würde ich dann meinen Fokus legen?
Vielleicht würde ich mich fragen:
Was macht mich lebendig?
Was bringt mein Herz zum Leuchten?

Vielleicht würde ich lernen,
mich zu *spüren* –
nicht zu bewerten.

Zu fühlen, was mein *Körper braucht*
– nicht, was er „werden soll".

Vielleicht würde ich *essen,*
wenn ich *Hunger habe.*
Aufhören, wenn ich satt bin.

Und *tanzen*, einfach,
weil es sich *gut anfühlt* –
nicht, weil es Kalorien verbrennt.

Vielleicht würde ich *wieder leben,*
statt mich ständig zu beobachten.

Mich wieder *in den Moment verlieben,*
statt in ein unerreichbares Ideal.

Wenn alle Menschen gleich aussehen würden,
gäbe es vermutlich *keinen Konkurrenzkampf* mehr.

Kein ständiges Vergleichen,
kein Messen, kein stilles Bewerten.

Das wäre schön, dachte Eva und seufzte einmal.

Aber wieso überhaupt vergleichen?
Diese Frage ließ Eva nicht mehr los. Sie hatte gelesen, dass wir alle ein Funke Gottes sind – gleich
wertvoll, jeder auf seine Weise einzigartig. Schönheit, so wie sie heute definiert wird, ist doch nichts
weiter als eine *menschliche Idee.*

Irgendjemand hat ein Ideal vorgegeben, und alle anderen laufen ihm hinterher. Doch wer hat entschieden, was als schön gilt? Und steht irgendwo geschrieben, dass der Wert eines Menschen vom Aussehen abhängt? Jesus jedenfalls hat das nie gesagt. Kein wahrer Lehrer, keine weise Seele würde je so urteilen.

Selbst wenn ein Teil der Gesellschaft daran glaubt – **muss ich wirklich bei diesem Spiel mitspielen?** Muss ich mich unterwerfen, mich anpassen, mein Leben nach einem Wertesystem ausrichten, das mich klein macht?

Nein. Ich kann aussteigen. Ich kann mir ein eigenes Wertesystem erschaffen. Eines, das mich nährt. Eines, das mich erinnert, wer ich wirklich bin. Denn auch Wertesysteme sind *menschengemacht.* Und wenn ich schon wählen muss, dann will ich eines wählen, das mich heilt, nicht eines, das mich krank macht.

In letzter Zeit hatte Eva auch oft gehört, dass **Gott nicht urteilt**. Dass Gott reine Liebe ist. Und wenn das stimmt – warum urteilen wir dann ständig? Über uns selbst, über andere. Vielleicht ist es an der Zeit, weniger zu bewerten, weniger einzuordnen, weniger in „besser" und „schlechter" zu denken. Vielleicht ist es an der Zeit, mehr zu fühlen. Mehr zu vertrauen. Mehr zu sein.

Wenn ich beginne, mich aus den *Fesseln gesell-*
schaftlicher Erwartungen zu lösen. Wenn ich lerne,
mich selbst zu sehen – nicht durch die Augen anderer, sondern durch meine eigenen Augen, die liebevoll schauen, nicht verurteilend, dann wäre so ein Leben vermutlich auch möglich, wenn *nicht* alle gleich
aussehen würden.

Ich darf umlernen.
Ich darf zurückkehren.
Ich darf mich neu entscheiden.
Ich darf mich erinnern,
dass ich mehr bin als ein Spiegelbild.
Ich bin Gefühl. Ich bin Kraft.
Ich bin Sehnsucht. Ich bin Leben.

Und mein Körper?
Er war nie mein Feind.
Er ist das Zuhause meiner Seele.

Ich werde an mir arbeiten – nicht, um jemand anderes
zu werden, sondern um mich selbst wiederzufinden.

EVA UND DER SPIEGEL DER WELT

Eva saß auf dem Fensterbrett. Ihre Beine angezogen, der Blick nach Außen gerichtet. Draußen zog der Tag vorüber – lachende Stimmen, Fahrräder, das entfernte Klirren von Besteck aus einem Straßencafé. Das Leben zog an ihr vorbei, als wäre sie nur eine Zuschauerin am Rand der Bühne.

Auf ihrem Schoß lag ein Buch. Es war ihr eher in die Hände gefallen als wirklich gesucht worden. Ein Geschenk einer Bekannten, das sie monatelang ignoriert hatte. Doch heute – warum auch immer – hatte sie es aufgeschlagen.

Die Worte trafen sie wie ein Schlag in den Bauch. Kein erhobener Zeigefinger, keine klugen Ratschläge. Nur ein einfacher Satz: *„Was du glaubst, manifestiert sich im Außen."*

Eva blinzelte. Sie las es noch einmal.
„Was du glaubst, manifestiert sich im Außen."

War das *der Grund?* Weil sie es <u>selbst</u> glaubte?
Nicht schön genug zu sein.
Nicht stark genug.
Zu dick.
Zu leer.
Zu empfindlich.

Sie erinnerte sich an die Menschen, die lachten. Die in Cafés saßen, Croissants und Kuchen aßen, laut waren, lebendig. Sie hatte sie immer beneidet. Und verachtet. Aber jetzt… dachte sie: Vielleicht *glaubten* sie einfach anders.

Eva schlug das Buch weiter auf. Eine weitere Zeile: *„Es ist ein universales Gesetz. Wie innen, so außen. Denn alles im Universum besteht aus Energie. Das, was du aussendest, kommt zu dir zurück."*

Es war kein Zufall.
Kein Fluch.
Kein Schicksal.
Es war ein Spiegel.

Die Welt zeigte ihr nur das, was sie über sich selbst dachte. Sie hatte sich selbst abgelehnt – und die Welt hatte ihr dies gezeigt.

Tränen liefen ihr über die Wangen, leise, still. Nicht vor Schmerz. Sondern vor einer Erkenntnis, die fast zu groß war für diesen Moment.

Vielleicht muss ich *nicht meinen Körper* ändern, dachte sie, sondern *meinen Glauben*.
Ich darf neu glauben.

Sie schloss das Buch. Legte die Hand auf ihr Herz. „Alles wird gut" sagte eine leise Stimme in ihren

Kopf und sie spürte, dass da etwas in ihr war, das leben wollte. Wirklich leben. Nicht nur funktionieren, zählen, hungern, kompensieren.

Ich kann gesund werden!
Ich schaffe das!

EIN GESPRÄCH ÜBER DAS LEBEN

In den letzten Wochen hatte Eva zahlreiche spirituelle Bücher verschlungen, die ihr tiefgründige Wahrheiten zu zeigen schienen. Doch trotz all der Wahrheiten, die sie las, fühlte sie sich immer noch verloren und verstand nicht, worum es im Leben wirklich ging.

Eva:
Lieber Gott!
Ich bin hier auf der Erde – aber ich erinnere mich an nichts. Es fühlt sich an, als wäre dies der Anfang meiner Existenz. Warum bin ich hier? Was ist meine Aufgabe? Was ist der Sinn des Lebens?

Gott:
Du hast dich entschieden, hierherzukommen, um die physische Welt mit all ihren Herausforderungen zu erfahren. Nicht weil du schwach bist – sondern weil du mutig bist.

Eva:
Aber was ist mein Ziel?
Meine Aufgabe?

Gott sanft:
Vielleicht ist die viel wichtigere Frage:
Muss es überhaupt ein Ziel geben –

oder geht es einfach nur ums *Erleben?*

Eva zögernd:
Aber… wir leben in einer Welt voller Erwartungen.
Erfolg. Leistung. Kontrolle.

Gott:
Menschen denken immer in Zielen. Sie befolgen Regeln, glauben, erfolgreich sein zu müssen...
Doch in Wahrheit müssen sie nur eines: **Sein.**

Es geht nicht um Erfolg.
Nicht um Macht.
Nicht um Reichtum.
Nicht um Perfektion.

Es geht um **dich.**
Dich zu finden.

Indem du authentisch lebst.
Im Jetzt.
Den Fokus auf die kleinen Dinge legst.
Ohne zu bewerten.
Einfach erfahren.
Einfach sein.

Eva:
Aber ich will alles richtig machen…

Gott:
Du kannst nichts falsch machen, Eva.

Du wirst immer geliebt.

Eva:
Und wenn ich scheitere?
Wenn ich nichts Großes erreiche?

Gott lächelnd:
Zurück im Himmel gibt es keine Trophäen – und
auch keine Bestrafung. Es gibt nur das, was du erlebt
hast. Es ist eine Reise – **deine Reise.**
Du bist hier um dich auszuprobieren.
Du musst nichts erreichen.
Du darfst genießen.
Du darfst essen.
Du darfst Pause machen.
Du darfst einfach nur *sein.*
Das reicht!

Eva flüstert:
Aber manchmal… verliere ich mich. In Oberfläch-
lichkeit. In Ablenkung. In Gedanken, die mich weg-
ziehen vom Jetzt.

Gott:
Es ist leicht, in ein oberflächliches Leben zu rut-
schen. Aber auch das ist Teil des Spiels. Auch das ist
Lernen. Es sind alles Erfahrungen, die dich wachsen
lassen.

Eva:
Was, wenn ich den Sinn verliere?

Gott:
Dann setz dich hin.
Sieh, wie die Blumen blühen.
Spür den Wind.
Nimm die Schönheit der Welt wahr.

Eva;
Es ist so still, wenn ich nicht renne.

Gott:
Und in dieser Stille findest du mich.
Und dich.
Denn in der Präsenz liegt der Frieden,
nach dem du dich sehnst.

Ohne Ziele,
ohne Erwartungen,
ohne den Druck,
immer *mehr* leisten zu müssen,
wirst du feststellen,
dass **wahre Erfüllung**
nicht im „Mehr" liegt,
sondern im **Sein.**

EIN TAG IM SEIN

Was heißt es im SEIN zu leben?

Stell dir vor, du wachst morgens auf – und heute ist ein ganz besonderer Tag. Kein Tag, an dem du dich stresst oder dir Sorgen machst. Sondern ein Tag, an dem du dir sagst: Heute bin ich einfach ich. Und das reicht vollkommen aus.

Du rekelst dich im Bett, streckst dich wie eine Katze und lächelst. Noch bevor du ans Handy gehst oder an die „To-do-Liste" denkst, atmest du tief durch. Du spürst, dass heute ein Tag ist, an dem du deinem Herzen folgst. Kein Zwang. Keine Bewertung. Nur Leben.

Beim Frühstück entscheidest du dich für das, was dir wirklich schmeckt – nicht für das, was auf irgendeinem Plan steht. Du genießt jeden Bissen, als wäre er ein Geschenk (Spoiler: Ist er auch!). Dein Körper bekommt Energie, und du bekommst Lebensfreude zurück.

Dann gehst du raus. Vielleicht mit Musik in den Ohren, vielleicht barfuß durch den Garten oder einfach nur mit offenen Augen durch die Welt. Du siehst, wie die Sonne durch die Blätter tanzt. Du bleibst stehen, drehst dich vielleicht kurz im Kreis und lachst einfach so – weil es schön ist, da zu sein.

Du machst, was dir Spaß macht. Vielleicht malst du. Vielleicht schreibst du ein paar verrückte Gedanken in dein Journal. Vielleicht singst du beim Zähneputzen. **Du tust Dinge, die dein Herz zum Hüpfen bringen.** Ohne Ziel. Ohne Zwang. Nur weil du Lust hast.

Und wenn du zwischendurch doch mal zweifelst oder ein Gedanke kommt wie: *„Du solltest..."* – dann sagst du: *„Hey Ego, danke, aber heute tanzt mein Herz den Takt."*

Du triffst dich mit einem Herzensmenschen. Ihr redet nicht über Kalorien oder Körper, sondern über Träume, Lieblingssongs und Zukunftswünsche. Du fühlst dich verbunden. Frei. Echt.

Am Abend kuschelst du dich mit einer Decke ans Fenster, siehst in den wunderschönen Sternenhimmel und flüsterst dir zu: „Ich bin nicht hier, um perfekt zu sein. Ich bin hier, um lebendig zu sein."

Und du schläfst ein mit einem Lächeln im Herzen.

Das ist ein Tag im Sein. Voller Leichtigkeit, Spaß, Echtheit. Ein Tag, der dich daran erinnert, wie wunderschön du bist – ganz ohne Maske, ganz ohne Druck. Nur du. Und das reicht.

EVA UND DER FOKUS AUF DAS POSITIVE

Eva saß auf dem Balkon, den Blick auf den Garten gerichtet. Die Sonne versank langsam hinter den Baumwipfeln und tauchte den Himmel in sanfte Pastelltöne – ein stiller Moment, fast feierlich in seiner Einfachheit. Eva atmete tief ein, ließ den Blick schweifen und spürte eine leise Sehnsucht in sich aufsteigen.

Sie erinnerte sich an ein Buch, das sie kürzlich gelesen hatte. Es ging darum, wie wichtig es sei, das Positive im Leben bewusst wahrzunehmen.

„Aber warum fällt es mir nur so schwer, das Gute zu sehen?", murmelte sie, während ihre Augen über das Gartenbeet wanderten. „Vielleicht kann ich anfangen, es zu sehen", flüsterte Eva, ihr Blick blieb an einer Blume haften, die in der Abendsonne leuchtete. Es war, als würde der Moment selbst sie liebevoll daran erinnern, innezuhalten. Der Duft der frischen Erde, das sanfte Rascheln der Blätter, das leise Zwitschern eines Vogels – all das war schon immer da gewesen. Und doch hatte sie es so oft übersehen.

Zu oft hatte sie sich auf das konzentriert, *was fehlte.* Auf das, was *nicht* funktionierte, *nicht* perfekt war. In ihrer eigenen Kritik war sie gefangen gewesen und hatte dabei das verloren, was jetzt so greifbar schien: *die Schönheit im Moment.*

„Was wäre, wenn ich aufhöre, mich ständig zu verurteilen – und stattdessen beginne, das zu würdigen, was gut ist?", dachte sie leise.

Der Gedanke brachte sie zum Innehalten.

Ihre innere Stimme war oft hart, selten liebevoll. Doch nun fühlte sich etwas anders an – wie ein sanftes Umdenken. Vielleicht, dachte sie, konnte sie lernen, ihre Aufmerksamkeit bewusst zu lenken: hin zu dem, was nährt, was stärkt, was leicht ist.

„Ich will achtsamer sein. Und dankbarer", sagte Eva leise. Sie dachte an die kleinen Erfolge der letzten Wochen – Begegnungen, in denen sie ehrlich zu sich gewesen war, Momente, in denen sie nicht aufgegeben hatte.

In den nächsten Tagen begann sie, jeden Abend eine kleine Achtsamkeits-Routine einzuführen: *„Wofür bin ich heute dankbar?"* Diese Frage wurde zu einem Anker. Selbst an schweren Tagen, wenn der Kopf grau und die Gedanken trüb waren, suchte sie nach Licht – manchmal war es nur der Geschmack von Tee, das warme Gefühl ihrer Decke, ein freundlicher Blick auf der Straße.

Nicht jeder Tag war leicht. Aber mit jedem Versuch, das Gute zu erkennen, wurde es ein wenig heller in ihr. Sie lernte, ihre Fortschritte wertzuschätzen, auch wenn sie klein waren. Und sie begann, sich selbst sanfter zu begegnen – mit Mitgefühl statt Urteil.

Nach und nach veränderte sich etwas. Ihre Wahrnehmung. Ihre Haltung. Ihr Herz. Was einst selbstverständlich schien, wurde kostbar. Was einst übersehen wurde, begann zu glänzen. Ihr Leben war nicht perfekt – aber sie lernte, es mit anderen Augen zu sehen. Es war reich an kleinen, echten Momenten. An Leben.

*

Zurück in die Kindheit

Erinnere dich an die Zeit, als die Welt noch voller Wunder war – als du ohne Plan und ohne Erwartungen in den Tag startetest. Damals war das Leben ein Abenteuer, das keine großen Vorbereitungen brauchte. Jeder Moment war wertvoll und einzigartig, weil du ihn einfach mit allen Sinnen erlebtest. Vielleicht erinnerst du dich an den Schmetterling, der sanft auf deiner Hand landete – ein kleines Wunder, das dich zum Staunen brachte. Oder das Geräusch des Kieses unter deinen Füßen, ein beruhigender Rhythmus, der dich begleitete, ohne Ziel oder Drang. Der Duft von Sommerregen, frisch und belebend, der dir das Gefühl gab, den Moment in seiner vollen Tiefe zu genießen. Oder der erste Schnee, der die

Welt in eine weiche Decke hüllte, und du dich einfach über die unberührte Pracht freust. Damals gab es kein „Müssen", keine Ziele, die erreicht werden mussten – nur das pure, unbeschwerte *Sein*. Alles war gut, so wie es war.

Momente der Naturverbundenheit:

Unsere Verbindung zur Natur schenkt uns immer noch diese Erinnerung an die Leichtigkeit und das Staunen der Kindheit. Wenn wir uns mit der Natur verbinden, können wir den Zugang zu einem Zustand finden, in dem alles seinen Wert hat, unabhängig von äußeren Erwartungen oder dem Drang, etwas zu erreichen.

Stell dir vor, wie du barfuß am Strand entlang gehst, das Rauschen der Wellen hörst und den salzigen Duft der Luft einatmest. Die Welt scheint stillzustehen – der Moment gehört nur dir. Oder du stehst auf einem Berggipfel, der weite Blick erstreckt sich über das Tal und der kühle Wind umspielt dein Gesicht. Hier bist du ganz im Jetzt, in Verbindung mit der unendlichen Weite.

Unter einem klaren Sternenhimmel fühlt sich die Zeit fast magisch an – jeder Stern scheint eine Geschichte zu erzählen, der Moment still und doch voller Bedeutung. Oder an einem sonnigen Tag, wenn die Sonne deine Haut erwärmt und der Duft von Gras oder frisch gegrilltem Essen in die Luft steigt – auch hier gibt es keinen Plan, kein Ziel, keine Erwartungen. Es gibt nur das Leben, in seiner schönsten und reinsten Form.

In diesen Momenten gibt es kein „Ich muss...“ – nur das Leben, das in seiner Einfachheit und Fülle existiert. So wie damals in der Kindheit, wenn die Welt nicht von Druck oder Zielen geprägt war, sondern einfach von Staunen und Freude.

Die Natur schenkt uns diesen Ort der Ruhe und der Verbundenheit, an dem wir den Moment wirklich leben können – und genau das ist der Ort, an dem wir die Leichtigkeit der Kindheit wiederfinden können.

Glücklich sein ist eine Einstellung

Wunschlos glücklich zu sein bedeutet, eine innere Haltung zu entwickeln, die nicht von äußeren Umständen abhängt. Es ist eine *bewusste Entscheidung*, das Leben in seiner vollen Fülle zu genießen, ohne sich von gesellschaftlichen Erwartungen oder materiellen Dingen leiten zu lassen. Es geht darum, das Glück als eine innere Ressource zu entdecken, die wir jederzeit anzapfen können – unabhängig davon, was um uns herum passiert.

Das Glück in den kleinen Dingen

Wirklich glücklich zu sein bedeutet, die kleinen, oft übersehenen Wunder des Lebens zu schätzen:

- *Ein blühender Baum am Wegesrand:* Beobachte, wie er mit den Jahreszeiten wächst, verändert und strahlt. Die Schönheit der Natur ist jederzeit um uns herum – wir müssen nur hinschauen.

- *Kinderlachen, das die Luft erfüllt:* Ein Moment purer Freude, der uns daran erinnert, wie ansteckend Glück ist. Es braucht keine Worte, nur ein Lächeln oder ein Lachen, um die Welt heller zu machen.

- *Der Klang eines plätschernden Baches:* Seine Melodie lädt uns ein, den Stress loszulassen und einfach zu sein. Es ist die Erinnerung daran, dass das Leben in seinen natürlichen Rhythmen oft die größte Ruhe und Klarheit schenkt.

Das Glück ist jetzt

Glück wartet nicht auf den perfekten Moment, den nächsten Urlaub oder das Erreichen eines großen Ziels. Es ist hier und jetzt – in jedem Atemzug, in der Stille des Morgens, im Sonnenlicht, das durch die Blätter tanzt. Es braucht kein Mehr – nur dein bewusstes Erleben des Moments.

Halte inne. Schau dich um. Lass dich nicht von der Hektik des Lebens ablenken. Erinnere dich daran, dass du auch als Erwachsener diese Leichtigkeit und

Albernheit bewahren kannst. Das wahre Glück liegt nicht in den großen, bedeutenden Ereignissen, sondern in den kleinen, unscheinbaren Momenten des Lebens.

Vielleicht ist genau jetzt, in diesem Augenblick, der perfekte Moment, um wieder wunschlos glücklich zu sein – einfach, weil du es dir erlaubst, den Moment zu genießen und die Wunder des Lebens zu schätzen.

LEBE IM „JETZT"

Lebe im Jetzt" – dieser Satz wird oft gehört, doch was bedeutet er im Zusammenhang mit Essstörungen wirklich? In einer Welt, die von ständigen Ablenkungen, Zeitdruck und dem Streben nach Perfektion geprägt ist, fällt es vielen schwer, im gegenwärtigen Moment zu leben. Besonders für Menschen mit Essstörungen ist der Fokus oft auf der Vergangenheit oder der Zukunft gerichtet – sei es durch das ständige Vergleichen mit anderen oder durch Ängste und Erwartungen in Bezug auf den eigenen Körper. Doch das Leben findet nur im Jetzt statt. Die Heilung beginnt dort, wo wir lernen, die Vergangenheit loszulassen und nicht weiter von der Zukunft zu träumen.

Im Jetzt zu leben bedeutet nicht nur, den Moment zu schätzen – es bedeutet, sich von der ständigen Sorge um das Aussehen oder die Kontrolle über das Essverhalten zu befreien. Es ist eine Einladung, den eigenen Körper mit Achtsamkeit zu erleben und das Essen ohne Schuldgefühle und Ängste wahrzunehmen.

Der Schlüssel zur Heilung von Essstörungen liegt darin, sich von den ständigen Gedanken über *vergangene Fehler* oder *zukünftige Ängste* zu befreien und den gegenwärtigen Moment in seiner ganzen Tiefe zu erleben.

Lebe nicht in der Vergangenheit.
Für viele Menschen mit Essstörungen ist die Vergangenheit ein ständiger Begleiter. Schuldgefühle, Scham und Rückschläge können uns immer wieder in alte Verhaltensmuster zurückziehen und uns von der Gegenwart abhalten. Doch der erste Schritt zur Heilung besteht darin, die Vergangenheit loszulassen. Die Gedanken über vergangene Diäten, Rückfälle oder Momente der Schwäche ziehen uns nur weiter aus dem Hier und Jetzt heraus. Wenn du merkst, dass du wieder *in alten negativen Gedankenschleifen* festhängst, erinnere dich daran: „Das ist nur ein Gedanke aus der Vergangenheit, und er ist jetzt nicht relevant. Ich bin jetzt hier, und das ist der Moment, den ich beeinflussen kann."

Fokussiere dich auf das, was du jetzt tust. Ein wichtiger Schritt, um im Jetzt zu leben, ist, die Aufmerksamkeit auf den gegenwärtigen Moment zu richten. Für jemanden mit einer Essstörung kann das bedeuten, den Fokus *nicht* auf Kalorien, Gewicht oder Körperbild zu legen, sondern auf das, was du wirklich tust.

Wenn du zum Beispiel gerade isst, konzentriere dich auf den Geschmack, die Textur und das Gefühl des Essens in deinem Mund. Wenn du eine Mahlzeit zubereitest, nimm dir Zeit, die Farben, Gerüche und Geräusche zu bemerken. Indem du deine ganze Aufmerksamkeit auf das konzentrierst, was du im Moment tust, kannst du dich von den Ängsten und negativen Gedanken befreien, die mit Essstörungen oft verbunden sind.

Befreie dich von der Kontrolle über die Zukunft.
Oft sind es die Ängste vor der Zukunft, die uns daran hindern, im Jetzt zu leben. Gedanken wie *„Werde ich mein Gewicht halten?"* oder „Werde ich wieder in alte Muster zurückfallen?" können uns so stark beschäftigen, dass wir den Moment verlieren. Doch die Zukunft ist ungewiss, und sich darüber zu sorgen, hindert uns nur daran, das Leben zu genießen und den Heilungsprozess zu fördern. Statt sich ständig über das, was kommen könnte, Sorgen zu machen, ist es hilfreich, sich zu sagen: „Diese Ängste gehören nicht hierher. Ich konzentriere mich auf den jetzigen Moment, auf meine Heilung und auf das, was mir gut tut."

Im Jetzt leben als Weg zur Heilung.
„Lebe im Jetzt" ist nicht nur ein einfacher Ratschlag, sondern eine Einladung, das Leben in seiner vollen Tiefe zu erfahren. Für Menschen mit Essstörungen ist es eine Möglichkeit, die Kontrolle über die Gedanken und Ängste, die mit dem Körper und dem Essverhalten verbunden sind, zurückzugewinnen. Indem wir uns auf das Jetzt konzentrieren, können wir die ständige Sorge um die Zukunft oder die Belastung durch die Vergangenheit loslassen. Wenn wir die Vergangenheit hinter uns lassen und uns von der Zukunft befreien, können wir den Moment so erleben, wie er ist

– mit all seiner Schönheit, den Herausforderungen
und den Chancen zur Heilung.

BEOBACHTEN OHNE BEWERTEN

In einer Gesellschaft, in der Äußerlichkeiten und Bewertungen häufig im Vordergrund stehen, stellt die
Fähigkeit, *„ohne zu bewerten" zu beobachten,* eine
bedeutende Herausforderung dar. Besonders im Kon-
text von Essstörungen, in denen die Wahrnehmung
des eigenen Körpers und der eigenen Gefühle stark
von Selbstkritik und gesellschaftlichen Normen geprägt ist, kann das ständige Urteilen über den eigenen
Körper und das Verhalten lähmend wirken. In diesem
Kapitel betrachten wir, wie die Praxis des „Beobachtens ohne zu bewerten" eine hilfreiche Methode sein
kann, um den Teufelskreis von Selbstbewertung und
Essstörungen zu durchbrechen.

Die Kunst der unvoreingenommenen Beobachtung

„Beobachten ohne zu bewerten" ist mehr als nur eine
Technik – es ist eine Haltung, die tief in die Wahrnehmung des eigenen Körpers und der eigenen Gedanken eindringt. Besonders bei Essstörungen, wo
negative Bewertungen des Körpers und des Essverhaltens vorherrschen, kann diese Praxis befreiend
wirken. Anstatt den Körper sofort zu kritisieren oder
zu analysieren, lernen wir, einfach zu beobachten.
Diese unvoreingenommene Wahrnehmung kann helfen, uns von den festgefahrenen Gedankenmustern zu
befreien und eine realistischere Sicht auf den eigenen
Körper zu entwickeln.

Beispiel: Stell dir vor, du blickst in den Spiegel und dein erster Impuls ist, deine Figur oder dein Gewicht zu bewerten: „Ich sehe zu dick aus" oder „Das entspricht nicht den Idealvorstellungen." Statt sofort auf diese Gedanken zu reagieren, kannst du einfach deinen Körper wahrnehmen, ohne ihn in „gut" oder „schlecht" zu unterteilen. Du kannst die Textur deiner Haut, die Haltung deines Körpers oder die Bewegungen deines Körpers beobachten, ohne diese Wahrnehmung mit einer Bewertung zu verknüpfen.

Was bedeutet „Beobachten ohne zu bewerten" im Kontext von Essstörungen?

„Beobachten ohne zu bewerten" bedeutet, sich von den zwanghaften Gedanken zu befreien, die ständig den *Wert des Körpers* und *des Essverhaltens* messen. Es geht darum, den eigenen Körper oder das Verhalten mit einer offenen Haltung zu betrachten, ohne die üblichen Urteile oder *Vergleiche mit gesellschaftlichen Maßstäben* zu fällen. Anstatt sich selbst ständig zu kritisieren oder sich von negativen Gedanken leiten zu lassen, können wir lernen, unseren Körper mit mehr Akzeptanz zu erleben.

Beispiel: Du nimmst wahr, dass du in einer stressigen Situation eine bestimmte Menge gegessen hast. Anstatt diese Menge sofort zu bewerten, kannst du einfach beobachten, dass dein Körper Nahrung aufgenommen hat, und die Empfindungen, die damit verbunden sind, wahrnehmen. Du musst nicht sofort in die Bewertung eintauchen wie „Ich habe zu viel

gegessen" oder „Das war schlecht." Du kannst einfach die Tatsache anerkennen und den Moment ohne
zusätzliche Bewertungen stehen lassen.

Der Einfluss von Gedanken und Bewertungen auf Essstörungen

Die Tendenz, den eigenen Körper und das Essverhalten ständig zu bewerten, ist besonders stark bei Menschen, die mit Essstörungen kämpfen. Gedanken wie
„Ich esse zu viel" oder „Ich muss dünner werden"
entstehen häufig automatisch und *verzerren unsere
Wahrnehmung der Realität*. Diese ständigen Bewertungen trennen uns von einer gesunden Beziehung zu
uns selbst und unserem Körper. Das Ziel ist es, diese
automatisierten Gedanken zu erkennen, sie nicht zu
bewerten und sie dann loszulassen.

Beispiel: Während eines Gesprächs mit einem
Freund hast du das Gefühl, dass er deine Körpersprache oder dein Gewicht kommentiert. Deine ersten
Gedanken könnten sein: „Er denkt, dass ich dick bin"
oder „Er wird mich verurteilen." Statt diesen Gedanken sofort zu bewerten oder dich selbst zu verurteilen, kannst du lernen, einfach zu beobachten, wie
sich der Gedanke anfühlt, ohne sofort in eine negative Bewertung zu verfallen.

Mache dir bewusst, dass es nur ein Gedanke ist...

Eva: Ich bin *nicht* meine Gedanken. Ich bin *der Beobachter* meiner Gedanken.
Ich muss *nicht* danach greifen.

Ich muss *nicht* darauf reagieren.
Ich muss *nicht* zustimmen.
Denn es stimmt *nicht* immer alles,
was meine Gedanken mir sagen.
Ich *beobachte* meine Gedanken
und entscheide dann selbst,
was ich *annehmen* möchte und *was nicht.*
Manchmal meldet sich auch *mein Ego.*
Eine *falsche* Stimme.
Mein Ego will immer *mehr!*
Doch ich habe es entlarvt.
Wenn sich mein Ego zu Wort meldet,
kann ich den *Gedanken beobachten*
ohne zu bewerten.
Ich verbinde mich mit diesen *falschen*
Gedanken *nicht mehr.*
Ich kann diese Gedanken einfach
weiterziehen lassen. Wie eine *Wolke.*
Und rufe: *„Next, please!"*

Achtsamkeit als Schlüssel zur Praxis des Beobachtens ohne zu bewerten

Achtsamkeit spielt eine zentrale Rolle, wenn es darum geht, „ohne zu bewerten" zu beobachten. Besonders bei Essstörungen, bei denen der *Verstand häufig von negativen Gedanken über Körper und Essen besessen ist,* hilft Achtsamkeit, im Moment zu bleiben und die eigenen Erfahrungen ohne Urteile zu erleben. Achtsamkeit ermöglicht es, den eigenen Körper und das Essverhalten in einer offenen und nicht werten-den Weise zu erleben.

Beispiel: Du isst eine Mahlzeit und merkst, dass du dich dabei unruhig oder ängstlich fühlst. Anstatt sofort zu urteilen oder dich für das Essen zu schämen, kannst du versuchen, mit Achtsamkeit zu essen. Du beobachtest, wie sich der Geschmack der Nahrung anfühlt, wie dein Körper auf das Essen reagiert, ohne es zu bewerten. Diese Praxis hilft dir, eine friedli-chere und akzeptierende Haltung gegenüber deinem Essverhalten zu entwickeln.

Die Auswirkungen der unbewerteten Beobachtung bei Essstörungen

Die Praxis des „Beobachtens ohne zu bewerten" hat tiefgreifende Auswirkungen auf den Umgang mit Essstörungen. Einige der wichtigsten Effekte sind:

1. Reduzierung von Stress und Schuldgefühlen:

Wenn wir aufhören, ständig zu bewerten und zu ur-teilen, können wir unsere Ängste und Schuldgefühle in Bezug auf Essen und Körperbild reduzieren. Dies fördert ein gesundes und entspanntes Verhältnis zu Essen und unserem Körper.

2. Erweiterte Wahrnehmung und Klarheit:

Durch das bewusste Beobachten ohne Bewertung können wir die Realität des Essens und des Körpers klarer wahrnehmen. Wir erkennen, dass unser Körper nicht einfach in „gut" oder „schlecht" unterteilt werden muss, sondern dass er eine komplexe und einzigartige Entität ist.

3. Förderung von Selbstmitgefühl:

Unvoreingenommene Beobachtung fördert Selbstmitgefühl. Wenn wir uns selbst ohne Urteil betrachten, entwickeln wir eine freundlichere Haltung gegenüber unserem Körper und unserem Essverhalten.

4. Freiheit von der Selbstkritik:

Viele Bewertungen, die wir über unseren Körper und unser Essverhalten abgeben, basieren auf negativen Glaubenssätzen aus der Vergangenheit oder durch gesellschaftliche Normen. Indem wir die Tendenz zur Bewertung loslassen, können wir uns von diesen einschränkenden Gedanken befreien und eine gesündere Beziehung zu uns selbst entwickeln.

Übungen für das Beobachten ohne zu bewerten

Es gibt verschiedene Übungen, die helfen können, *das Beobachten ohne zu bewerten* zu üben, insbesondere in Bezug auf Essstörungen:

Atembeobachtung:

Setze dich ruhig hin und richte deine Aufmerksamkeit auf deinen Atem, ohne ihn zu bewerten. Dies kann helfen, den Geist zu beruhigen und dich von negativen Gedanken über Essen oder deinen Körper zu lösen.

Beobachtung des Essens:

Versuche, während des Essens den Geschmack, die Texturen und die Wärme der Nahrung bewusst wahrzunehmen, ohne sofort zu urteilen, ob es „gut" oder „schlecht" für dich ist.

Beobachtung von Körperempfindungen:

Achte auf die Empfindungen in deinem Körper, ohne sie zu bewerten oder zu verändern. Akzeptiere die unterschiedlichen Empfindungen, die du in deinem Körper wahrnimmst, als Teil der Erfahrung.

EVA – DIE, DIE SIE NIE WIRKLICH WAR

Eva war das, was viele eine „Vorzeigetochter" nann-
ten. Gute Noten. Gepflegt. Freundlich. Stilvoll ge-
kleidet. Immer mit einem Lächeln im Gesicht. Doch
niemand sah, wie viel Kraft es sie kostete, jeden Tag
diese Rolle zu spielen.

Sie war von Natur aus eher still, introvertiert. Aber
sie hatte gelernt, dass man Aufmerksamkeit und Anerkennung nicht für Stille bekommt – sondern für Lächeln, Leistung und Anpassung. Und also wurde sie
zu der, von der sie dachte, sie müsse es sein.

Sie wollte, dass ihre Eltern stolz auf sie waren.
Auch wenn sie es nie sagten, nie forderten –
sie hatte es tief in sich geschrieben:
„Wenn ich perfekt bin, dann bin ich liebenswert."

Perfekt aussehen.
Perfekt essen – oder eben gar nicht essen.
Perfekt funktionieren.

Sie spielte die Fashion-Queen, obwohl ihr Herz eher
nach Schlabberpulli und ungeschminktem Sonntag
schrie. Sie lachte mit, obwohl ihr oft gar nicht danach
war und postete Selfies, obwohl sie sich selbst nicht
mal im Spiegel anschauen konnte, ohne sich zu kritisieren.

In Wahrheit war es ein *Gefängnis.*

Eines, das sie sich selbst gebaut hatte – aus eigenen Glaubenssätzen: „Ich darf nicht anders sein. Ich darf nicht unbequem sein. Ich darf nicht zu viel oder zu wenig sein."

Und immer wieder:
„Ich darf nicht ich sein."

Sie funktionierte.
Aber sie lebte nicht.
Und sie aß nicht – zumindest nicht frei, genussvoll, ohne Schuld. Denn in ihrem Inneren saß ein Schatten, der sagte: „So wie du bist, reicht nicht."

Bis eines Tages etwas in ihr *klick* machte.
Nicht laut. Kein Knall. Kein Drama.
Eher wie ein langsames Erwachen.
Ein Flüstern, das sagte:
„Eva... was, wenn du einfach du sein darfst?"

Sie begann, leise auszumisten:
Zuerst den Kleiderschrank.
Dann ihre Gedanken.
Dann ihr ganzes Selbstbild.

Sie erkannte:
Mode war nicht ihre Leidenschaft.
Gesehen werden war nicht ihr tiefster Wunsch.
Sondern: sich selbst spüren.
Allein sein dürfen.

Nicht mehr lächeln müssen,
wenn ihr nicht danach war.
Nicht mehr hungern, um zu gefallen.

Sie schminkte sich seltener. Oder gar nicht.
Und fühlte sich plötzlich schöner denn je –
weil sie sich nicht mehr versteckte.
Weil sie sich selbst sah.

Sie sagte *Nein* zu Partys, wenn ihr Herz Ruhe
brauchte. Und ja zu Sofatagen, Schlabberpulli, hei-
ßem Kakao und dem Gefühl: „Ich bin genug – genau
so."

Und irgendwann verstand sie:
Es war nie ihre Aufgabe,
ihre Eltern glücklich zu machen.
Sondern sich **selbst.**
Ihre Eltern wollten nie eine perfekte Tochter.
Sie wollten einfach nur ihre Tochter –
die echte Eva.

Und zum ersten Mal in ihrem Leben war Eva stolz
auf sich. Nicht wegen ihrer Figur. Nicht wegen Leistung. Sondern weil sie sich selbst gefunden hatte.
Und frei war.

*

Authentizität bedeutet, *deine wahre Natur* zu leben,
ohne dich hinter Rollen zu verstecken oder etwas

vorzugeben, was du nicht bist. Es ist der Zustand, in dem du dich selbst in all deiner Vielseitigkeit und Unvollkommenheit annimmst. Authentisch zu leben bedeutet nicht, perfekt zu sein – es bedeutet, deine Fehler und Schwächen genauso zu akzeptieren wie deine Stärken.

Jeder Mensch hat eine einzigartige innere Wahrheit – eine Essenz, die sich in Form von Interessen, Leidenschaften und tief empfundenen Überzeugungen zeigt. Wenn wir authentisch leben, folgen wir *dieser inneren Führung*, anstatt uns von äußeren Erwartungen oder Ängsten leiten zu lassen.

Wie können wir Authentizität bewusst in unser Leben integrieren?
Hier sind einige praktische Schritte:

1. Höre auf deine innere Freude
- Frage dich regelmäßig: „Was fühlt sich für mich wirklich *stimmig* an?"
- Selbst kleine Handlungen in Richtung Freude können dein Leben transformieren.

2. Lasse die Angst vor Ablehnung los
- Nicht jeder wird dein *wahres Ich* mögen – und das ist in Ordnung.
- Die richtigen Menschen werden von deiner Echtheit angezogen.

3. Setze klare Grenzen

- Erkenne, dass *Nein* zu anderen oft *Ja* zu dir selbst bedeutet.
- Menschen, die dich wirklich lieben, werden deine Grenzen respektieren.

4. Sei sanft mit dir selbst

- Perfektion existiert nicht – Authentizität ist kraftvoller als Perfektionismus.
- Fehler sind Teil des Lernprozesses und keine Schwäche.

Authentizität ist keine Technik, die man lernen muss, sondern ein Zustand, zu dem man zurückkehrt, indem man sich selbst erlaubt, *echt zu sein.*

VERGEBUNG IST HEILUNG

Eva vergibt sich selbst:
Ich habe damals *mein* Bestes gegeben.
Ich wusste es *nicht* besser.
Ich habe funktioniert, überlebt, mich angepasst.
Es war der Druck der Gesellschaft, mein Ego,
meine tief sitzenden Glaubenssätze,
die Geschichten meiner Vergangenheit,
die mich in die Essstörung geführt hatten.

Ich darf *mir selbst* vergeben und
auch du *darfst dir vergeben.*

In Wahrheit gibt es keine Fehler –
nur Erfahrungen.

Viele Menschen verlieren sich.
Du bist nicht alleine.
So viele tappen in die Falle
eines oberflächlichen Lebens.
Sie jagen äußeren Idealen hinterher,
füllen sich mit Dingen, Status, Kontrolle.
Manche scheinen alles zu haben –
und sind trotzdem leer.
Denn wenn die äußere Welt nicht mehr stimmt,
ist es ein Ruf, nach *innen* zu schauen.

Glück und Zufriedenheit entstehen
nicht durch Perfektion,
nicht durch einen bestimmten Körper,
nicht durch Kontrolle.
Sie entstehen in der Tiefe –
dort, wo du dich *selbst* findest.

Manchmal wird der Weg holprig.
Man wird ordentlich durchgeschüttelt.
Aber vielleicht ist das Leben manchmal hart,
nicht um dich zu brechen,
sondern um dich zu *wecken*.

Manchmal musst du tief fallen,
um zu spüren, was in dir wirklich lebt.
Manchmal ist der Fall **kein** Scheitern –
sondern ein Weckruf.

Ein Ruf, zurück zu dir.
Ein Ruf, dich zu erinnern, wer du bist.
Nicht dein Körper. Nicht dein Verhalten.
Du bist mehr. Du bist Seele. Du bist Liebe.

Und *jetzt* hast du die Chance,
dich neu zu entdecken.

Nicht als jemand,
der „repariert" werden muss –
sondern als jemand,
der sich an *seine Wahrheit* erinnert.

Vergebung ist nicht Schwäche.
Sie ist Kraft.

Vergebung ist der erste Schritt
in <u>dein</u> neues Leben.

EVA UND DER FUNKE DER HOFFNUNG

Eva hatte gehört, dass der Weg zur Heilung in der *Intuition* lag. „Höre auf deine innere Stimme", hatte jemand gesagt. „Folge deiner Leidenschaft." Doch Eva fühlte nichts. Sie konnte sich nicht erinnern, wann sie zuletzt etwas mit Leidenschaft getan hatte. Sie hatte auch gar keine richtigen Hobbies mehr.

„Was ist mein Weg?", fragte sie sich immer wieder. Ihre Gedanken taumelten zwischen Zweifeln und Frustration. Sie hatte das Gefühl mal wieder in einer Sackgasse festzustecken, von der es keinen Ausweg gab. „Ich habe keine Leidenschaften mehr", dachte sie mit einer Mischung aus Trauer und Wut. Ihre Welt war heute leer, wie ein unbeschriebenes Blatt.

Doch dann hielt sie inne. Die Worte „Höre auf deine Intuition" hallten in ihrem Kopf. Sie schloss die Augen und versuchte, den Lärm ihrer Gedanken zu beruhigen. Alles, was sie tun konnte, war, still zu sein und zu warten. Doch die Stille war nicht leer, sie war *erfüllt*. Langsam kam ein Bild in ihren Kopf, eine Erinnerung aus längst vergangenen Tagen.

Es war wie ein Schimmer in der Dunkelheit. Ein kleines Mädchen, das eine Gitarre in den Händen hielt, auf einem weichen Teppich im Wohnzimmer, die Saiten zupfend, mit einem Lächeln auf den Lippen. Musik hatte ihr immer Freude bereitet, es war ihr Ausdruck von Freiheit und Kreativität gewesen.

„Gitarre spielen…", flüsterte sie und öffnete die Augen. Die Erinnerung war so klar, dass sie fast spüren konnte, wie ihre Finger wieder über die Saiten glitten. Plötzlich wusste sie, was sie tun musste. Ihre *innere Stimme* hatte sich endlich wieder gemeldet.

Mit einem neuen Funken Hoffnung in ihrem Herzen stand sie auf. Ihre Zweifel und Ängste zogen sich für einen Moment zurück, als sie realisierte, dass sie nie wirklich verloren war. Die Leidenschaft, die sie einst für die Musik empfunden hatte, war immer noch in ihr – sie musste nur wieder den Weg zu ihr finden.

Sie ging zum Schrank, holte die alte Gitarre heraus, die längst im Staub verborgen war, und setzte sich auf den Boden. Der Klang der Saiten, der langsam durch den Raum hallte, war wie eine Rückkehr zu sich selbst.

Die Musik, die sie spielte, war nicht perfekt. Aber sie war echt. Und für Eva war das alles, was sie brauchte – die Erinnerung daran, dass sie immer noch die Fähigkeit hatte, sich selbst auszudrücken, sich selbst zu finden, zu heilen.

Die Last, die sie getragen hatte, war nicht mehr so schwer. Eva hatte den Funken der Hoffnung wiederentdeckt, und damit war der Weg zu ihrem *wahren Selbst* ein kleines Stück klarer geworden.

*

Intuition – *Der Weg zurück zu dir selbst:*
Die Intuition ist ein *leiser Begleiter*, der uns in den ruhigeren Momenten unseres Lebens Führung bietet. Sie spricht nicht mit lauter Stimme, sondern flüstert, ruft uns leise und sanft zurück zu uns selbst, wenn wir es am meisten brauchen. In einer Welt, die von äußeren Anforderungen und ständigen Ablenkungen geprägt ist, kann es leicht passieren, dass wir diese *innere Stimme* überhören oder vergessen. Doch sie ist immer da – verborgen in uns, geduldig, bereit, uns zu leiten, wenn wir bereit sind, ihr zuzuhören.

Für Eva war der Weg zurück zu ihrer Intuition nicht sofort klar. Es war ein Prozess des Innehaltens, des Stillwerdens und des Zulassens, dass etwas in ihr – eine Erinnerung, ein Funke – wieder lebendig wird. Wie sie, haben viele von uns vergessen, wie es sich anfühlt, mit der eigenen Intuition in Einklang zu sein. Doch die Wahrheit ist: Unsere innere Weisheit ist immer da, selbst in den dunkelsten Momenten.

Die Geschichte von Eva zeigt uns, dass es oft nicht die großen, dramatischen Veränderungen sind, die den Weg der Heilung einleiten. Manchmal ist es einfach *der erste kleine Schritt* zurück zu dem, was uns *Freude bereitet* hat, zu dem, was uns lebendig gemacht hat. Es ist der Moment, in dem wir uns daran erinnern, wer wir wirklich sind und was wir wirklich wollen.

Intuition ist der Schlüssel zur Selbstheilung. Sie fordert uns nicht dazu auf, perfekt zu sein oder den Erwartungen anderer zu entsprechen. Vielmehr fordert sie uns auf, uns selbst zu akzeptieren, unsere eigenen Bedürfnisse zu erkennen und in Einklang mit unserem *wahren Selbst* zu leben. Wenn wir der Intuition vertrauen, beginnen wir, das Leben in seiner authentischsten Form zu erleben.

Lass uns also den Mut haben, wieder auf diese leise Stimme in uns zu hören. Sie wird uns ***nicht*** im Stich lassen. Sie wird uns auf unserem Weg begleiten, uns daran erinnern, dass wir uns selbst finden können, wann immer wir bereit sind, ***in die Stille zu gehen*** und zu lauschen.

DAS STREBEN NACH SICHERHEIT

Sicherheit – dieses Bedürfnis ist tief in uns verwurzelt. Wir streben danach, uns in allen Bereichen unseres Lebens sicher zu fühlen – sei es körperlich, emotional oder auch in Bezug auf unsere Gesundheit und unser Wohlbefinden. Doch was bedeutet Sicherheit wirklich, besonders wenn es um Essstörungen geht? Ist sie ein fester Zustand, den wir erreichen können, oder eine Illusion, die wir erschaffen, um mit unserer tiefsten Angst vor dem Verlust von Kontrolle und Identität umzugehen?

Das Leben ist wie ein Fluss – ständig in Bewegung, unvorhersehbar und oft nicht zu kontrollieren. In dem Versuch, uns sicher zu fühlen, neigen wir dazu, uns an gewohnte Muster und Rituale zu klammern – auch im Umgang mit unserem Körper und unserem Essverhalten. Wir erstellen Diäten, fixieren uns auf bestimmte Kalorienzahlen und versuchen, jede Mahlzeit genau zu kontrollieren. Doch genauso wie der Fluss sich nicht zwingen lässt, so entzieht sich auch das Leben der vollständigen Kontrolle. Unerwartete Ereignisse, Veränderungen im Körper und in der Psyche gehören dazu. Je mehr wir uns an diesem Zwang zur Kontrolle festhalten, desto weiter entfernen wir uns von einem echten Gefühl der Sicherheit und des Wohlbefindens.

Die Illusion der Kontrolle und ihre Auswirkungen
Oft glauben wir, dass Kontrolle uns Sicherheit gibt –
besonders in Bezug auf das Essen und unseren Körper. Wenn wir alles planen und kontrollieren, fühlen
wir uns sicher. Wir denken, dass wir uns vor der
Angst vor Gewichtszunahme oder vor dem Verlust
der Kontrolle über unsere Ernährung schützen, wenn
wir jede Mahlzeit auf genaueste Weise vorbereiten.
Doch ist diese Kontrolle wirklich ein Schutz, oder
verstärken wir damit nur die Unsicherheit?

Stell dir vor, du hast deinen Tag genau geplant. Du
hast deine Mahlzeiten, deine Kalorien, deine sportli-
chen Aktivitäten bis ins Detail durchdacht. Doch
dann geschieht etwas Unerwartetes: Du musst aus-
wärts essen, du hast keine Kontrolle über das, was dir
serviert wird. Deine Welt gerät ins Wanken. Dein Si-
cherheitsgefühl, das du dir so mühsam aufgebaut
hast, droht zu zerbrechen.

Dieses Beispiel zeigt, wie fragil unsere Kontrolle
über das Essverhalten ist. Sie funktioniert nur, solange alles nach Plan läuft. Doch das Leben hält sich
nicht an diese Pläne. Und so wird das Streben nach
absoluter Kontrolle zu einer Quelle von Unsicherheit
und Angst.

Die wahre Quelle der Sicherheit
Warum haben wir so ein starkes Bedürfnis nach Sicherheit, besonders in Bezug auf unseren Körper und
unser Essen? Häufig liegt dieses Bedürfnis in *einer*

tief verwurzelten Angst – der Angst vor dem Verlust der Kontrolle, vor dem Gefühl der Unsicherheit und der Angst vor Ablehnung. Essstörungen können als eine Art *Schutzmechanismus* dienen, um diese Ängste zu bewältigen. Durch strikte Diäten und kontrolliertes Essverhalten versuchen wir, das *Gefühl von Unsicherheit und Verlust* zu vermeiden. Doch diese scheinbare Kontrolle ist letztlich *eine Illusion*.

Trotz all der Maßnahmen, die wir ergreifen, um uns abzusichern – wie das Zählen von Kalorien oder das strikte Vermeiden bestimmter Lebensmittel – bleibt die Unsicherheit des Lebens bestehen. Nichts kann uns vor der unvorhersehbaren Natur des Lebens schützen.

Doch wo finden wir dann die wahre Sicherheit?
Die Antwort liegt **nicht im Außen**, sondern i**n uns selbst.** Wahre Sicherheit entsteht nicht durch Kontrolle, sondern **durch Vertrauen** – Vertrauen in uns selbst und in die Fähigkeit, mit Veränderungen und Unsicherheiten umzugehen. Menschen, die sich wirklich sicher fühlen, haben nicht das perfekte Essverhalten oder den perfekten Körper. Sie haben einfach gelernt, die Kontrolle loszulassen und die Unsicherheit zu akzeptieren. Sie haben Vertrauen in ihren Körper und ihre Fähigkeit, mit den Herausforderungen des Lebens umzugehen.

Der Weg zur inneren Sicherheit

Wenn du dein *wahres Selbst* erkennst – das, was nicht von äußeren Umständen oder deinem Essverhalten abhängt – verschwindet die Angst. Du beginnst zu verstehen, dass du mehr bist als das, was du isst oder wie du aussiehst. Du bist mehr als deine Ängste und deine Versuche, Kontrolle auszuüben. Du bist ein Mensch, der in der Lage ist, mit allem umzugehen, was kommt.

Anstatt zu denken: „Ich muss alles kontrollieren, um sicher zu sein", kannst du beginnen zu denken: *„Ich kann mit allem umgehen, was kommt."*

Statt dich vor Veränderungen oder unvorhergesehenen Situationen zu fürchten, kannst du sie als natürliche Teile des Lebens akzeptieren. *Statt dich gegen den Fluss des Lebens zu stemmen, kannst du lernen, mit ihm zu fließen und ihm zu vertrauen.*

Vielleicht ist genau das die größte Erkenntnis: Wir sind nie wirklich in Gefahr – wir haben nur gelernt, uns in unseren Ängsten zu verlieren. Wenn wir uns selbst vertrauen, können wir auch die Kontrolle über unser Essverhalten und unser Leben zurückgewinnen.

ZEIT IN DER STILLE

Eva schrak aus dem Schlaf hoch. Ihr Herz klopfte
nicht vor Angst, sondern vor Staunen. Noch nie hatte
sie so klar geträumt. So... echt.

In ihrem Traum hatte sie meditiert – wie so oft in
letzter Zeit, um der Enge zu entfliehen, dem ständigen Kreisen im Kopf, dem Druck, alles unter Kontrolle zu halten. Aber dieses Mal war etwas anders.
Etwas hatte sich geöffnet.

Sie spürte, wie ihr Körper zurückblieb –
und ihre Seele sich löste,
leicht wurde wie ein Blatt im Wind.
Sie schwebte nach oben,
durch eine weiche Dunkelheit,
bis sie auf einer Wolke landete.

Dort saß ein Mann.
Weißer Bart, leuchtendes Gewand,
eine Ruhe ging von ihm aus,
die Eva gleichzeitig ehrfürchtig
und geborgen fühlen ließ.
Sie wagte kaum, ihn anzusehen.

„Bin ich tot?", fragte sie erschrocken –
doch nicht mit Worten, sondern mit Gedanken.
„Nein", antwortete er sanft.

„Du bist nur zu Besuch im Himmel."

Ihre Unterhaltung war still – ohne Stimme,
und doch klarer als jedes Gespräch auf Erden.
Es war, als würde er direkt in ihr Herz sprechen.

Er zeigte ihr Bilder ihres Lebens –
nicht mit Vorwurf, sondern mit Liebe.
Es war ein *Lebensrückblick*.
Sie sah, wie sie nach Regeln gelebt hatte,
die nie die ihren waren. Wie sie sich angepasst hatte,
sich klein gemacht hatte, aus Angst, nicht genug zu
sein.

Eva weinte, denn ihr wurde schmerzlich bewusst,
dass sie sich ein mentales Gefängnis gebaut hatte.
„Wir konnte ich nur so blauäugig durchs Leben gehen", erwiderte sie leise.

Der alte Mann kam einen Schritt auf sie zu und um-
armte Eva.
„Menschen machen Fehler.
Fehler bringen Wachstum.
Du darfst dir selbst vergeben und frei sein."

Sie nickte leicht, denn Eva begann nun endlich zu
verstehen, dass sie *schon immer genug* war. Sie hatte
es nur nie gesehen, aber jetzt konnte sie es spüren.

Sie erinnerte sich auch wieder daran, wer sie war.
Sie war ein Teil von Gott. Licht und Liebe.

Der ältere Herr legt seine Hand auf ihre Schulter.
„Weißt du, Essen gehört zum Irdischen –
es ist Teil des Erlebens,
Teil der Freude,
Teil eures sinnlichen Daseins.
Nicht zum Strafen.
Nicht zur Kontrolle.
Es ist ein **Geschenk.**
Du darfst mit Genuss essen, Eva!",
sagte er sanft.

Als Nächstes erwachte Eva still in ihrem Bett. Ihr
Herz war ruhig, ihr Geist weit. Irritiert schaute sie
sich im Zimmer um und in ihr hallte eine einzige
Botschaft nach:

Kehre zurück zu dir.
Esse mit Freude.
Und genieße das Leben –
in all seinen Farben,
mit offenem Herzen,
und mit Liebe zu dir selbst.

LIEBES TAGEBUCH

Liebes Tagebuch,

heute war ein Tag, der eigentlich ganz unspektakulär
begann. Kein besonderer Anlass, kein Meilenstein,
kein Drama.

Und doch war heute etwas anders.
Heute habe ich gegessen.
Nicht, weil ich musste.
Nicht, weil ich es verdient hatte.
Nicht, um irgendwas zu kompensieren.

Sondern:
Weil ich Hunger hatte.
Weil mein Körper danach gerufen hat.
Und weil ich ihm zum ersten Mal zugehört habe.

Es war nichts Besonderes.
Ein Buttercroissant.
Noch warm vom Bäcker.
Früher hätte ich es in winzige Stücke gerissen.
Jeder Bissen „abgewogen" – nicht mit der Waage,
sondern mit Schuld.

Aber heute?
Heute habe ich es gegessen.
Langsam.

Mit einem kleinen Lächeln.
Mit geschlossenen Augen sogar –
weil es so gut war.
Ich habe mir selbst erlaubt, es zu genießen.

Und das Erstaunlichste?
Nichts Schlimmes ist passiert.
Ich habe nicht die Kontrolle verloren.
Ich bin nicht weniger wert.
Ich habe einfach nur gelebt.

Ich habe gespürt, dass ich noch da bin –
unter all den Jahren aus Regeln, Angst, Perfektion.

Ich bin nicht „die Essgestörte".
Ich bin Eva.
Und heute war ich frei.
Für einen Moment – aber dieser Moment war echt.

Ich bin stolz.
Und morgen mache ich weiter.

Ich glaube, ich habe meine Heilung gefunden – Stück
für Stück, wie ein Puzzle, das nun vollständig ist. Es
war nicht immer einfach, aber jedes Teil hat seinen
Platz gefunden.

EVAS TIPPS FÜR DICH

1. Gehe in die Stille.

Suche nicht im Außen nach Antworten. In der Stille findest du Gott – und dich selbst. Dort beginnt Heilung.

2. Du bist mehr als dein Körper.

Dein Wert hängt nicht von Zahlen ab. Nicht vom Spiegelbild. Du bist ein göttlicher Funke – vollkommen, auch mit Rissen.

3. Lass die Kontrolle los.

Ich weiß, sie gibt dir Sicherheit. Aber sie engt dich auch ein. Vertrauen ist dein Weg in die Freiheit.
Gott: „Gib mir deine Last – ich trage sie mit dir."

4. Dein Körper ist kein Feind.

Er ist dein Zuhause, dein Tempel. Er verdient Liebe, nicht Strafe. Höre hin, was er wirklich braucht – nicht, was der Lärm der Welt dir sagt.

5. Folge deiner Leidenschaft.

Nicht den Regeln anderer, nicht der Stimme des Mangels. Sondern dem, was dich lebendig macht. Was dein Herz zum Singen bringt – das ist dein Weg.

6. Gott: „Sprich mit mir. Jeden Tag."

„Auch wenn du glaubst, ich höre dich nicht. Ich bin da. Immer. Du kannst dich in meine Arme fallen lassen – ohne Urteil, ohne Scham."

7. Du musst nicht perfekt sein.

Du bist geliebt – genau jetzt, genau so. Lass dich fallen in dieses Wissen. Atme es ein. Und beginne, dich selbst zu lieben.

Zurück zu dir.
Jenseits von Kontrolle.
Hin zur echten Verbindung.
Finde dich!

Körper & Selbstbild

- Was glaube ich, *wie* mein Körper aussehen muss, um geliebt zu werden?

- *Woher* kommt dieses Bild? *Wer* hat es mir gezeigt oder beigebracht?

- *Wie* hat sich mein Verhältnis zu meinem Körper im Laufe der Jahre verändert?

- Wenn ich meinem Körper einen Brief schreiben würde – was würde ich ihm sagen?

- Was tut mein Körper trotz allem jeden Tag für mich?

Kontrolle & Vertrauen

- Wann in meinem Leben fühle ich mich *sicher* – und wann kontrolliere ich?

- Was gibt mir das Gefühl, wieder *Macht* über mein Leben zu haben?

- Gibt es Momente, in denen ich meinem Körper *vertraut* habe?

- Wie würde es sich anfühlen, Kontrolle *loszulassen* – nur für einen Augenblick?

Vergleich & gesellschaftlicher Druck

- Wen vergleiche ich mich am häufigsten mit – und warum?

- Was glaube ich, dass diese Person hat, was mir fehlt?

- Wie wäre mein Leben *ohne* Schönheitsideale?

- Was will ich eigentlich wirklich, wenn ich an „schöner" oder „perfekter" denke?

Wahres Selbst & Selbstannahme

- *Wer* bin ich, wenn niemand hinsieht?

- Welche Anteile von mir habe ich lange *versteckt* – und warum?

- Was *liebe* ich an mir, das nichts mit Aussehen oder Leistung zu tun hat?

- Welche *Sehnsucht* lebt in mir, die gehört und gesehen werden möchte?

Heilung & Selbstliebe

- Was bedeutet „*heil sein*" für mich – jenseits von Makellosigkeit?

- Welche kleinen Schritte fühlen sich für mich gerade möglich an?

- Was würde ich einem Menschen sagen, den ich liebe – wenn er so mit sich kämpft wie ich?

- Wie fühlt es sich an, die Idee zuzulassen, dass ich nicht kaputt bin?

WARUM ES AN DER UMSETZUNG HAPERT

Viele Menschen, die mit Essstörungen kämpfen, kennen das Gefühl, sich immer wieder mit Konzepten und Ratschlägen zur Heilung auseinanderzusetzen. Sie lesen Bücher, nehmen an Seminaren teil oder sprechen mit Therapeuten, aber es fällt ihnen schwer, dieses Wissen tatsächlich in ihr Leben zu integrieren. Warum ist das so? Hier sind einige zentrale Gründe:

1. Wissen allein heilt nicht
Problem:
Das bloße Wissen über Essstörungen, deren Ursachen und die möglichen Heilungswege reicht oft nicht aus, um tief verwurzelte Verhaltensmuster zu verändern. Der Verstand kann das Wissen aufnehmen, doch die emotionalen und unbewussten Reaktionen, die die Störung antreiben, bleiben bestehen.

Lösung:
Wissen muss in die Praxis umgesetzt werden. Tägliche Achtsamkeit, Selbstreflexion und das Setzen kleiner Schritte sind notwendig, um das Wissen in tiefere, emotionalere Ebenen zu integrieren. Heilung braucht kontinuierliche und bewusste Anstrengung.

2. Das Ego hält an alten Mustern fest

Problem:

Das Ego bildet sich oft über Identifikationen mit Körperbildern, Diäten oder gesellschaftlichen Normen. Wenn du beginnst, die Essstörung und das damit verbundene Selbstbild in Frage zu stellen, kann dein Ego sich bedroht fühlen und Widerstand leisten. Es erzeugt dann Ausreden: „Ich bin eben so", oder „Das funktioniert für andere, aber nicht für mich."

Lösung:

Beobachte dein Ego ohne dich damit zu identifizieren. Erkenne, dass deine alten Muster nicht dein wahres Selbst sind, sondern nur konditionierte Reaktionen. Der Weg zur Heilung beginnt mit dem Loslassen von Identifikationen, die dich einengen und dich im Teufelskreis der Essstörung halten.

3. Tief verwurzelte emotionale Blockaden und Ängste

Problem:

Essstörungen sind oft eng mit verdrängten Gefühlen, Ängsten und ungelösten Traumata verbunden. Der Umgang mit diesen emotionalen Blockaden kann unangenehm und schmerzhaft sein, weshalb viele lieber im vertrauten Leiden bleiben, als sich den schmerzhaften Gefühlen zu stellen.

Lösung:

Die Arbeit an den eigenen Schatten – das Erkennen und Loslassen alter Glaubenssätze und unterdrückter Emotionen – ist notwendig für die Heilung. Mut zur Heilung bedeutet, sich seinen Ängsten zu stellen und bereit zu sein, durch schmerzhafte, aber befreiende Prozesse zu gehen. Unterstützung von Therapeuten oder Gruppen kann diesen Weg erleichtern.

4. Gesellschaftliche und äußere Ablenkungen

Problem:

In der modernen Welt gibt es unzählige Ablenkungen: soziale Medien, Werbung, gesellschaftliche Erwartungen, die ständig auf dein Selbstbild einwirken. Diese äußeren Reize verhindern oft, dass du dich auf deine innere Heilung konzentrierst und hindern dich daran, bewusst mit deinem Körper und deinen Essgewohnheiten umzugehen.

Lösung:

Baue regelmäßige Zeiten der Stille und Selbstreflexion in dein Leben ein. Digitale Detox-Phasen und bewusste Auszeiten helfen dir, die Ablenkungen zu reduzieren und den Fokus auf deine Heilung zu legen. Du musst dir Zeit für dich selbst nehmen – ohne äußere Reize und Meinungen.

5. Die Illusion, dass der richtige Moment irgendwann kommt

Problem:

Oft warten wir darauf, dass der „richtige Moment" kommt, um Veränderungen umzusetzen – sei es mehr Zeit, mehr Energie oder ein besserer Zustand. Doch dieser Moment kommt selten, denn das Leben ist immer in Bewegung und bringt neue Herausforderungen.

Lösung:

Der Schlüssel zur Heilung liegt im „Jetzt". Anstatt auf den perfekten Moment zu warten, beginne sofort, kleine Schritte in die richtige Richtung zu gehen. Tägliche, kleine Achtsamkeitsübungen oder gesunde Entscheidungen – auch im kleinen Rahmen – können eine große Wirkung auf langfristige Heilung haben.

6. Die Veränderung muss von dir selbst kommen

Problem:

Kein externer Ratgeber, kein Buch und kein Therapeut kann die Veränderung für dich durchführen. Oft erwarten wir, dass das Wissen von außen uns transformiert, aber wahre Heilung kann nur aus uns selbst heraus kommen.

Lösung:

Übernehme die Verantwortung für deinen Heilungsprozess. Erkenne, dass du der einzige bist, der durch bewusste Praxis und innere Arbeit wirkliche Veränderung schaffen kann. Heilung ist ein aktiver Prozess, der aus deinem eigenen Engagement für dich selbst hervorgeht.

7. Prioritäten setzen

Problem:

Inmitten von Arbeit, Alltag und familiären Verpflichtungen wird die Arbeit an sich selbst oft als „Nice to have" betrachtet, nicht als essenzielle Priorität. Die Heilung von Essstörungen wird dabei immer wieder verschoben und im hektischen Leben untergeordnet.

Lösung:

Setze deine Heilung zur Priorität. Plane bewusst Zeit für Selbstreflexion, Meditation oder Achtsamkeit in deinem Alltag ein – so selbstverständlich wie andere wichtige Tätigkeiten. Deine Gesundheit und dein inneres Wohlbefinden sollten die oberste Priorität in deinem Leben haben.

Fazit:

Die Heilung von Essstörungen erfordert mehr als nur Wissen – sie braucht bewusste und kontinuierliche Umsetzung. Dies bedeutet:

- Alte Muster erkennen und hinterfragen.

- Das Ego entlarven und sich nicht mit ihm identifizieren.

- Emotionale Blockaden annehmen und loslassen.

- Sich nicht von äußeren Ablenkungen abhalten lassen.

- Den „richtigen Moment" im Hier und Jetzt finden.

- Verantwortung für den eigenen Heilungsweg übernehmen.

- Die Heilung als essenzielle Priorität setzen.

WAS EVA BEREUT

Eva war gerade mal 14, als die Essstörung leise in ihr Leben trat. Anfangs als scheinbar harmlose Diät getarnt, verwandelte sie sich bald in einen ständigen Begleiter – mit Regeln, Zwängen und einer Stimme im Kopf, die immer forderte: „Noch weniger. Noch besser. Noch disziplinierter." Heute, mit 20, blickt Eva zurück – mit Bedauern, aber auch mit Mitgefühl für ihr jüngeres Ich.

1. Verpasste Momente

Sie denkt an die vielen Partys, die sie abgesagt hat. An Grillabende, bei denen sie nur Wasser trank. An Urlaube, die sie nicht genießen konnte, weil sie von Angst und Kontrolle bestimmt waren. Statt sich mit Freunden treiben zu lassen, war sie gefangen und grübelte darüber, wie viel sie essen oder eben nicht essen „darf". All diese Erinnerungen – nicht gelebt, sondern überlebt.

2. Die verlorene Leichtigkeit

Ihr Spiegelbild war immer ein Gegner, nie ein Freund. Selbst in den dünnsten Momenten fühlte sie sich nicht gut genug. Sie hat nie innegehalten, um sich zu fragen: Wofür mache ich das alles? Wer sagt, dass ich so aussehen muss, um wertvoll zu sein? Heute wünscht sie sich, sie hätte ihren Körper früher als das sehen können, was er ist: Ein Wunder, das sie durchs Leben trägt – nicht ein Projekt, das ständig verbessert werden muss.

3. Der fehlende Blick nach innen

Was sie heute am meisten bereut: Dass sie nicht früher in sich hineingehört hat. Sie hat so vieles geglaubt ohne es zu hinterfragen. Sie hat Ideale übernommen, ohne sie zu prüfen. Hat geglaubt, was sie in Magazinen sah, was andere über Schönheit sagten – und sich selbst dabei vergessen. Hätte sie sich getraut, hinzusehen, zu fühlen, zu hinterfragen – vielleicht hätte sie den Ursprung ihrer Unzufriedenheit viel früher gefunden. Vielleicht hätte sie erkannt, dass das Problem nicht ihr Körper war, sondern die Geschichten, die sie sich über ihn erzählte.

4. Das Ignorieren ihrer Gefühle

Eva weiß heute, dass sie sich nicht nur vor Essen gefürchtet hat – sondern vor Gefühlen. Sie hat Trauer, Angst und Wut nie wirklich zugelassen, sondern lieber betäubt. Ihre Kontrolle war eine Mauer, hinter der all das verborgen lag, was sie nicht fühlen wollte. Heute lernt sie langsam, dass es sicher ist, zu fühlen. Dass Tränen heilen. Und dass Stärke manchmal bedeutet, sich verletzlich zu zeigen.

5. Der Verlust des Augenblicks

Immer war da dieses „Später". Später, wenn sie dünner ist. Später, wenn sie zufrieden ist. Später, wenn sie Kontrolle hat. Doch das Leben ist kein Aufschub.

Es passiert jetzt. Und dieses „Jetzt" hat sie so oft ver-
passt – weil sie gezählt, geplant und verzichtet hat,
statt zu genießen. Statt zu leben.

EVAS PERFEKTER TAG ALS GESUNDE

Frühstück mit Genuss

Eva steht auf und geht in die Küche. Sie entscheidet sich für ein Nutellabrot, genau wie in ihrer Kindheit. Die Schokolade duftet süß, als sie es großzügig auf das Brot schmiert. Sie nimmt sich einen Moment, um den ersten Bissen zu genießen. Es ist ein völlig neues Gefühl im Vergleich zu früher. Kein schlechtes Gewissen, kein innerer Widerstand – sie kann einfach essen, was ihr Freude bereitet. Für sie zählt nur der Moment. Perfektion ist unwichtig, nur das Hier und Jetzt zählt.

Achtsamkeit im Alltag

Jeder Bissen des Nutellabrotes ist für Eva ein Moment der Achtsamkeit. Sie schmeckt die Süße und spürt die Textur auf ihrer Zunge. Sie lebt im Moment, ohne sich von der Vergangenheit oder der Zukunft ablenken zu lassen. Es ist ein Akt der Selbstfürsorge, bei dem sie sich nicht von Ängsten oder Zweifeln leiten lässt. Sie ist einfach hier – vollkommen im Einklang mit sich selbst.

Musik und Leichtigkeit

Eva stellt das Radio an, und die Musik erfüllt den Raum. Der Rhythmus lässt ihren Körper in Bewegung kommen, und sie tanzt durch das Haus – ein-

fach aus Freude. Der Raum muss nicht perfekt aufge-
räumt sein, und das ist auch nicht wichtig. Sie ist
nicht auf der Jagd nach einer makellosen Ordnung,
sondern nach einem Leben voller Leichtigkeit und
Authentizität. Der Moment zählt, und sie lebt ihn mit
voller Hingabe.

Baden und Akzeptanz

Später geht Eva baden, aber nicht um Sport zu machen. Stattdessen möchte sie sich auf ihrer pinken
Luftmatratze treiben lassen. Faul sein – das darf sie!

Sie schlüpft in ihren farbenfrohen Bikini und steht
vor dem Spiegel. Sie betrachtet sich selbst und erkennt, wie sie sich endlich annehmen kann. „Wir
sind genug", denkt sie. „Wir müssen nichts erreichen,
nichts beweisen." Sie schmunzelt bei dem Gedanken,
wie unrealistisch die Schönheitsideale sind, die die
Gesellschaft uns aufdrängt. Sie weiß auch, dass sie
nicht hier ist, um einem Ideal zu entsprechen. Sie ist
hier, um das Leben zu leben – frei, authentisch und
voller Freude.

Feiern und die Freiheit genießen

Am Abend besucht Eva eine Party. Sie fühlt sich frei,
lebendig und strahlt. Der Raum ist voller Energie,
und sie lässt sich von der Musik und der ausgelasse-
nen Stimmung treiben. Sie nippt an ihrer kalorienrei-
chen Whisky-Cola, aber nicht mehr aus Zwang – es
ist ein bewusstes Genießen.

Sie greift nach den fettigen Chips, knabbert in aller Ruhe und schmunzelt dabei. Früher hatte sie den Drang, immer kontrollieren zu müssen, sich selbst zu bestrafen oder heimlich zu essen und dann wieder zu erbrechen. Doch heute ist alles anders. Es gibt keine Schuldgefühle, kein Verstecken mehr. Sie genießt den Moment, ohne in alte Muster zu verfallen.

Das Gedankenkarussell, das sie früher immer begleitet hatte – der ständige Druck, die ständige Kontrolle, das Gefühl, nie genug zu sein – hat aufgehört zu drehen. Sie ist im Hier und Jetzt, fühlt sich ganz und gar frei. Der Genuss des Lebens hat nicht länger etwas mit Strafe oder Perfektion zu tun, sondern mit Akzeptanz und Freude.

Eva erkennt, dass sie jetzt den Raum für sich selbst geschaffen hat, in dem sie endlich das Leben so leben kann, wie sie es sich immer gewünscht hat: ohne Zwang, ohne Selbstverurteilung, sondern mit einem tiefen Gefühl der Selbstliebe und Freiheit.

Und ihre neue authentische Art scheint gar ein Magnet für andere zu sein. Sie hat noch nie so viel Aufmerksamkeit wie jetzt von der Männerwelt erhalten. Kein Wunder, denn authentische Menschen strahlen am Hellsten.

Dieser Tag ist ein Symbol für die Reise, die Eva unternommen hat, um gesund zu werden. Es war nicht immer einfach, aber es war möglich. Jeder Schritt, den sie in Richtung Heilung gemacht hat, brachte sie näher zu einem Leben voller Freude, Freiheit und Selbstliebe. Sie hat gelernt, sich selbst zu verwöhnen, das Leben zu genießen und sich keine Schuldgefühle mehr zu erlauben. Sie ist auf dem richtigen Weg, um sich selbst die Liebe und den Respekt zu schenken, die sie verdient. Gesund zu werden bedeutet für sie, sich selbst zu akzeptieren, die Kontrolle loszulassen und das Leben in seiner vollen Schönheit zu umarmen. Sie ist stark, sie ist wertvoll, und sie hat ihr wahres, gesundes Selbst gefunden.

NACHWORT: EVA

Eva blickt auf ihre Reise zurück. Eine Reise, die von Kampf, Schmerz und dunklen Momenten geprägt war, aber auch von Erkenntnis, Heilung und Wachstum. Sie hatte sich in den Fängen ihrer Essstörung verloren – in den Strukturen von Perfektionismus, Kontrolle und Angst. Doch sie fand den Weg zu sich selbst. Sie erinnerte sich an ihre *wahre Essenz*, an das, was sie wirklich ausmacht, und begann, sich neu zu definieren.

Auch du kannst heilen.
Es gibt immer einen Weg zurück *zu dir selbst.* Heilen bedeutet nicht, perfekt zu werden, sondern anzuerkennen, dass du bereits vollkommen bist, so wie du bist. Du bist wertvoll, du bist genug. Dein Wert ist nicht von Äußeren abhängig. Du bist einzigartig, und deine Reise ist ebenso einzigartig.

Das Leben ist ein Geschenk – ein kostbares, einmaliges Geschenk. Es liegt in deiner Hand, es zu gestalten, es mit Freude zu füllen und die Freiheit zu erleben, du selbst zu sein. Folge dem, was dir Freude macht. Lass dich *nicht* von den Meinungen anderer leiten. Du bist der Schöpfer deines eigenen Lebens.

Stell dir vor: Das Leben ist ein Spiel.
Du bist die Spielfigur, aber auch der Spieler. Du hast die Macht, dein Spiel zu gestalten. Jeder Moment ist eine neue Gelegenheit, deine Richtung zu bestimmen. Durch deine Gedanken erschaffst du deine Realität. Deine Emotionen sind dein innerer Kompass, der dir den Weg weist, der dir gut tut.

Wie du auf die Herausforderungen des Lebens reagierst, liegt in deiner Hand. Indem du auf deine Intuition hörst und deinem inneren Wissen vertraust, wirst du auf den richtigen Pfad geführt. Positives Denken und Leidenschaften sind deine Wegweiser. Wenn du dem Fluss des Lebens folgst, wirst du feststellen, dass du nicht gegen den Strom schwimmen musst, sondern dass das Leben mit dir fließt.

Du bist mehr als dein Körper, mehr als dein Aussehen und mehr als deine Ängste. Du bist ein unendlich wertvoller Mensch. Und wenn du dich selbst liebst und deinen eigenen Weg gehst, wirst du entdecken, dass das Leben viel mehr ist als der ständige Kampf. Es ist eine Reise der Selbstakzeptanz, des Wachstums und der Heilung.

Und du hast alles, was du brauchst IN DIR!

Feedback & Kontakt:
LuisaHerford@outlook.de